तेनाली राम की अनोखी दुनिया

व्यंग्य-विनोद, बुद्धिचातुर्य, न्याय-कौशल की अनूठी कहानियाँ

अशोक महेश्वरी

राधाकृष्ण पेपरबैक्स

पहला पुस्तकालय संस्करण
राधाकृष्ण प्रकाशन प्राइवेट लिमिटेड द्वारा
2012 में प्रकाशित

राधाकृष्ण पेपरबैक्स में
पहला संस्करण : 2013
छठा संस्करण : 2025

राधाकृष्ण पेपरबैक्स : उत्कृष्ट साहित्य के जनसुलभ संस्करण

राधाकृष्ण प्रकाशन प्राइवेट लिमिटेड
जी-17, जगतपुरी, दिल्ली-110 051
द्वारा प्रकाशित

शाखाएँ : अशोक राजपथ, साइंस कॉलेज के सामने, पटना-800 006
पहली मंजिल, दरबारी बिल्डिंग, महात्मा गांधी मार्ग, प्रयागराज-211 001
1, अनमोल सोराबजी संतुक लेन, धोबी तलाव, मरीन लाइंस, मुम्बई-400 002

वेबसाइट : www.radhakrishnaprakashan.com
ई-मेल : info@radhakrishnaprakashan.com

बी.के. ऑफसेट
नवीन शाहदरा, दिल्ली-110 032
द्वारा मुद्रित

मूल्य : ₹250

TENALI RAM KI ANOKHI DUNIYA
Stories by Ashok Maheshwari

ISBN : 978-81-8361-574-7

तेनाली राम की अनोखी दुनिया

दक्षिण भारत के गुंटूर जिले के गलीपाडु नामक कस्बे में एक सामान्य गृहस्थ के घर में तेनाली राम का जन्म हुआ था। उसके माता-पिता बहुत ही धार्मिक प्रवृत्ति के थे जिसके कारण उन्होंने अपने पुत्र का नाम रामलिंगम रखा। तेनाली राम यानी रामलिंगम अभी बहुत छोटा था, तभी उसके पिता का निधन हो गया। रामलिंगम की माता पर मानो दुखों का पहाड़ टूट पड़ा। वे अपनी ससुराल 'गलीपाडु' से अपने भाई के पास लौट आईं। उनका भाई 'तेनाली' नामक कस्बे में रहता था।

तेनाली में रामलिंगम सामान्य बच्चों की तरह ही खेलता-पढ़ता हुआ बड़ा होने लगा। उसे गुरु के पास शिक्षा ग्रहण करने के लिए भेजा गया। उस समय किसी ने सोचा न था कि अपनी मेधा के बल पर तेनाली राम ऐसी ख्याति अर्जित करेगा कि सदियों, सहस्राब्दियों तक लोग उसकी बुद्धि, न्यायप्रियता और हाजिरजवाबी की कहानियाँ कहते रहेंगे। अपनी कुशाग्रबुद्धि और मिलनसारिता के गुणों के कारण तेनाली राम बचपन में ही लोगों के आकर्षण का केन्द्र हो गया था। मूल नाम रामलिंगम तो था ही, गुरुकुल में उसे तेनाली वाला रामलिंगम कहा जाने लगा और बाद में यही तेनाली राम बन गया।

मधुर स्वभाव, सहिष्णुता और लगनशीलता के कारण तेनाली राम अपने गुरु के कृपा-पात्र बन गया और शिक्षा पूरी होने पर गुरु ने उसे 'कृष्ण स्वामी तेनाली राम मुदलियार' की संज्ञा से विभूषित किया।

तेनाली राम के बुद्धि-बल को लेकर इतनी किंवदन्तियाँ हैं जिससे लगता है कि तेनाली राम जैसा कुशाग्र व्यक्ति दक्षिण भारत में न उसके पहले जन्मा था और न बाद में।

भूमिका

विजयनगर दक्षिण भारत का कभी प्रसिद्ध नगर था। व्यापार, कला, उद्योग, संस्कृति और कुशाग्र बुद्धि वाले सभ्य और सुसंस्कृत नागरिकों के कारण इस नगर की प्रसिद्धि दूर-दूर तक थी। जिन दिनों इस नगर-राज्य पर महाराज कृष्णदेव राय का शासन था, उन दिनों कृष्ण स्वामी तेनाली राम मुदलियार उर्फ रामलिंगम उर्फ तेनाली राम की प्रसिद्धि भी दूर-दूर तक फैली थी।

दक्षिण भारत के गुंटूर जिले के गलीपाडु नामक कस्बे में एक सामान्य गृहस्थ के घर में तेनाली राम का जन्म हुआ था। उसके माता-पिता बहुत ही धार्मिक प्रवृत्ति के थे जिसके कारण उन्होंने अपने पुत्र का नाम रामलिंगम रखा। तेनाली राम यानी रामलिंगम अभी बहुत छोटा था, तभी उसके पिता का निधन हो गया। रामलिंगम की माता पर मानो दुखों का पहाड़ टूट पड़ा। वे अपनी ससुराल 'गलीपाडु' से अपने भाई के पास लौट आईं। उनका भाई 'तेनाली' नामक कस्बे में रहता था।

तेनाली में रामलिंगम सामान्य बच्चों की तरह ही खेलता-पढ़ता हुआ बड़ा होने लगा। उसे गुरु के पास शिक्षा ग्रहण करने के लिए भेजा गया। उस समय किसी ने सोचा न था कि अपनी मेधा के बल पर तेनाली राम ऐसी ख्याति अर्जित करेगा कि सदियों, सहस्राब्दियों तक लोग उसकी बुद्धि, न्यायप्रियता और हाजिरजवाबी की कहानियाँ कहते रहेंगे। अपनी कुशाग्रबुद्धि और मिलनसारिता के गुणों के कारण

तेनाली राम बचपन में ही लोगों के आकर्षण का केन्द्र हो गया था। मूल नाम रामलिंगम तो था ही, गुरुकुल में उसे तेनाली वाला रामलिंगम कहा जाने लगा और बाद में यही तेनाली राम बन गया। मधुर स्वभाव, सहिष्णुता और लगनशीलता के कारण तेनाली राम अपने गुरु के कृपा-पात्र बन गया और शिक्षा पूरी होने पर गुरु ने उसे 'कृष्ण स्वामी तेनाली राम मुदलियार' की संज्ञा से विभूषित किया।

तेनाली राम के बुद्धि-बल को लेकर इतनी किंवदन्तियाँ हैं जिससे लगता है कि तेनाली राम जैसा कुशाग्र व्यक्ति दक्षिण भारत में न उसके पहले जन्मा था और न बाद में।

—अशोक महेश्वरी

अनुक्रम

ईमानदारी

महाराज कृष्णदेव राय कभी-कभी अपने दरबार में इतने सहज हो जाते थे कि उन्हें देखकर कोई कह नहीं सकता था कि वे एक कुशल प्रशासक, कुशल राजनीतिज्ञ और अनुशासनप्रिय शासक हैं। जिस दिन महाराज में सहजता दिखती, उस दिन आम सभासद भी मस्ती में आ जाते। सभा भवन में हँसी, ठिठोली, बहस, बतरस सब कुछ होता।

तेनाली राम एकमात्र ऐसा सभासद था जो यह समझता था कि महाराज का अचानक सहज हो जाना और सभासदों को इस तरह ढील देना भी उनकी शासन-नीति का हिस्सा है। इससे महाराज अपने सभासदों की मूल प्रवृत्तियों को समझने का प्रयास करते हैं। सभासदों में खुलापन आते ही थोड़ी-बहुत उच्छृंखलता भी आ जाती थी जिसे उस दिन महाराज क्षम्य मानते थे लेकिन उच्छृंखल होने वाले सभासदों के प्रति उनका व्यवहार बाद में बदल जाता था। वे ऐसे सभासदों से कड़ाई से पेश आते और आदेशात्मक होकर छोटी पंक्तियों में बातें करते।

एक दिन तेनाली राम थोड़ी देर से सभाभवन में पहुँचा। उस समय एक सभासद कोई मनोरंजक घटना सुना रहा था। उसकी बातें समाप्त होने पर सभी सभासद हँस पड़े। महाराज भी खूब हँसे। चूँकि तेनाली राम ने पहले कही गई बातें नहीं सुनी थीं इसलिए वह नहीं हँसा। अपने आसन पर गम्भीर बना बैठा रहा। महाराज ने उसे देखा और महसूस किया कि सबके हँसने में तेनाली राम साथ नहीं दे रहा है। महाराज को यह बात बुरी लगी मगर उन्होंने उस समय तेनाली राम से कुछ नहीं कहा।

न जाने कैसे सभासदों के बीच दान-पुण्य, धर्म-कर्म और ईमानदारी पर बहस होने लगी।

एक सभासद ने कहा, "महाराज! मेरे विचार से धनवान लोग गरीबों की तुलना में अधिक ईमानदार होते हैं। वे स्वयं साधन-सम्पन्न होते हैं। आवश्यकता की प्रत्येक वस्तु उन्हें उपलब्ध होती है इसलिए छोटी-छोटी चीजों के लिए उनका ईमान नहीं डोलता। वे दान-पुण्य करते हैं इसलिए उनमें धार्मिक भावना भी विद्यमान रहती है जबकि गरीबों का ईमान जल्दी ही डोल जाता है।"

तेनाली राम, जो अब तक चुप था, इस सभासद की बातें सुनने के बाद अपने आसन से उठा और बोला, "महाराज! मैं माननीय सभासद के इस कथन से सहमत नहीं हूँ। मेरा विश्वास है कि गरीब आदमी अधिक धर्मभीरु होता है। वह भगवान से डरता है, इसलिए वह गलत काम करने से बचता है। ईश्वर का भय गरीबों को इतना अधिक होता है कि उसका ईमान इसी भय के कारण डोलता नहीं। धनवान में ईश्वर का भय इस तरह का नहीं होता। उसके दान-पुण्य में भी लौकिक प्रतिष्ठा की चाह छुपी रहती है कि लोग उसे ऐश्वर्यशाली और परोपकारी के रूप में स्वीकार करें।"

तेनाली राम की गम्भीर वाणी थोड़ी देर तक सभाभवन में अनुगूँज उत्पन्न करती रही। तेनाली राम के चुप होते ही महाराज ने कहा, "तेनाली राम! तुम एक मूल बात भूल रहे हो, ईमानदारी एक मानवीय गुण है जो किसी में भी हो सकता है। इसमें धनवान और निर्धन की कोई बात ही नहीं है।"

तेनाली राम ने कहा, "आप ठीक कह रहे हैं महाराज! बस, मैं यह कह रहा था कि गरीबों के संघर्ष की ऊष्मा ईमानदारी की ऊष्मा के समरूप होती है। इसी ऊष्मा के कारण गरीबों में उचित-अनुचित का ध्यान रखने की प्रवृत्ति विकसित हो जाती है।"

"तो, तुम फिर वही कह रहे हो कि गरीबों में ईमानदारी होती है और धनवान, वैभव-सम्पन्न लोगों में अपेक्षाकृत इसका अभाव रहता है?" महाराज ने पूछा।

"जी हाँ श्रीमान—यही कहना चाहता हूँ मैं।" तेनाली राम ने निर्भीक होकर कहा।

महाराज स्वयं वैभव-सम्पन्न थे इसलिए तेनाली राम की बातें उन्होंने व्यक्तिगत स्तर पर ले लीं और तेनाली राम से कहा, "तुम्हें प्रमाणित करना पड़ेगा तेनाली राम!"

"मुझे स्वीकार है महाराज!" तेनाली राम ने संक्षिप्त-सा उत्तर दिया।

सभा में जो सहजता थी, इस गम्भीर चर्चा के कारण समाप्त हो गई। महाराज ने उसी समय सभा विसर्जित कर दी और तेनाली राम को रोककर शेष सभासदों को जाने दिया।

लौट रहे सभासदों में इसी बात की चर्चा हो रही थी कि आज महाराज तेनाली राम से नाराज हो गए...कि महाराज से तेनाली राम को मुँह नहीं लगाना चाहिए...कि अब आया है ऊँट पहाड़ के नीचे! अर्थात् जितने मुँह, उतनी बातें!

सभासदों के जाने के बाद महाराज ने तेनाली राम से पूछा, "तेनाली राम, तुम कितने दिनों में सिद्ध कर सकोगे कि धनवानों की अपेक्षा गरीब आदमी अधिक ईमानदार होता है?"

"महाराज! मुझे सौ-सौ स्वर्णमुद्राओं की दो थैलियाँ और दो सुरक्षा प्रहरी प्रदान करें। मैं यह बात दो दिनों अर्थात आज और कल में प्रमाणित कर दूँगा कि धनवान लोगों में धन-लोलुपता होती है जो उन्हें ईमानदार नहीं रहने देती जबकि गरीबों में धन-लोलुपता नहीं होती!" तेनाली राम ने कहा।

महाराज तेनाली राम के इस उत्तर से भीतर ही भीतर तिलमिला गए। मगर उन्होंने कुछ कहा नहीं। उन्होंने तेनाली राम को दो थैलियों में स्वर्णमुद्राएँ और दो प्रहरी उपलब्ध करा दिए।

तेनाली राम उन्हें लेकर राजभवन से बाहर राजमार्ग की ओर, महाराज की आज्ञा लेकर, चल पड़ा। महाराज से चलते समय उसने कहा, "महाराज, आप मुझे शुभकामना दें कि कल शाम तक मैं प्रमाण सहित अपनी बातें सिद्ध कर सकूँ।"

तेनाली राम ने दोनों प्रहरियों को व्यापारी वेश में अपने घर आने का निर्देश दिया और स्वयं अपने घर चला गया। वह अपने साथ स्वर्णमुद्राओं की थैलियाँ भी लेता गया। ऐसे अवसर पर तेनाली राम बहुत सजग हो जाया करता था। उसके रन्ध्र-रन्ध्र में सजगता उत्पन्न हो जाती थी यानी वह सहस्रनेत्रधारी बन जाता था। लोग उसके इसी गुण के कारण ही उसे 'चक्षुश्रवा' और 'प्रज्ञाचक्षु' आदि विशेषणों से सम्बोधित किया करते थे।

उसके घर पहुँचने के थोड़ी देर बाद ही दोनों प्रहरी व्यापारियों के बाने में उसके घर पहुँचे। तेनाली राम उन्हें लेकर विजयनगर के बाजार में चला आया और देर तक इधर-उधर टहलता रहा। वापसी के समय उसने दोनों प्रहरियों को एक-एक स्वर्णमुद्राओं की थैली थमा दी और एक को एक धनी व्यापारी के आगे चलते हुए थैली कहीं सुनसान इलाके में गिराकर चले जाने को कहा। उसने प्रहरी को उस धनी आदमी को भी दिखा दिया जिस धनी आदमी के आगे उसे चलना था। सम्भवतः तेनाली राम उस धनी आदमी को पहचानता था और जानता भी था कि वह कहाँ रहता है। पुनः दूसरे प्रहरी को एक गरीब आदमी के आगे-आगे जाने का उसने निर्देश दिया और प्रहरी को बता दिया कि उस गरीब आदमी का गन्तव्य क्या है। इस प्रहरी को भी तेनाली राम ने सुनसान स्थान पर थैली इस तरह गिराने को कहा जिसे वह गरीब आदमी देख ले...।

अपनी व्यूह-रचना तैयार कर लेने के बाद उसने दोनों प्रहरियों को यह निर्देश भी दिया कि वे दोनों थैलियाँ गिरा देने के बाद तेजी से आगे जाएँ और कहीं छुप जाएँ। जब उनका 'शिकार' राह में गिरी थैली लेकर बढ़े तब वे उनका पीछा करें और देखें कि वे थैली का क्या करते हैं!

अपने द्वारा दिए गए निर्देशों से तेनाली राम सन्तुष्ट था। उसे विश्वास था कि आज रात में ही उसे वांछित प्रमाण प्राप्त हो जाएगा। दोनों प्रहरियों को विदा करने के बाद तेनाली राम अपने घर लौट आया।

दूसरे दिन, सुबह ही दोनों प्रहरी तेनाली राम के घर पर पहुँच गए। वह उस समय दरबार जाने के लिए तैयार हो रहा था। उसने प्रहरियों से पूछा, "क्या समाचार लाए हो?"

एक प्रहरी ने तेनाली राम से कहा, "श्रीमान, मैं आपके निर्देश पर जिस व्यक्ति के पीछे गया था उसका नाम गिरिधारी लाल है। उसकी बाजार में सोने-चाँदी के जेवरों की दुकान है। बहुत पैसेवाला आदमी है वह।"

अभी उसकी बात पूरी नहीं हुई थी कि तेनाली राम ने उसे टोक दिया, "अरे भाई! मैंने तुम्हें किसी के पीछे नहीं भेजा था–आगे भेजा था। ठीक से सारी बातें बताओ।"

"क्षमा करना श्रीमान! भूल हो गई!" प्रहरी ने कहा और कल शाम को घटित घटना बताने लगा, "श्रीमान! जब मैं उस आदमी, मेरा मतलब है कि गिरिधारी लाल के आगे-आगे चलते हुए कदम्ब पेड़ के पास पहुँचा तो मुझे राह पूरी तरह खाली दिखी। सुनसान रास्ते पर दो ही मुसाफिर थे—मैं और वह। मैं उससे मात्र चार कदम की दूरी पर था। मौका देखकर मैंने कमर में खोंसी हुई स्वर्णमुद्राओं की थैली गिरा दी और सामान्य चाल से आगे बढ़ता रहा, मानो मुझे थैली गिरने का भान ही नहीं है। कुल चार कदम चलकर मैंने अपनी गरदन पीछे की ओर हल्के से घुमाई तो पाया, वह व्यक्ति नीचे गिरी थैली उठा रहा था। मैंने अपनी गति बढ़ा दी। थैली उठाने के बाद वह थोड़ी धीमी गति से चलने लगा। मैं तेज चलता हुआ राह में आए एक पेड़ की ओट लेकर खड़ा होकर उसकी प्रतीक्षा करने लगा। जब वह उस पेड़ से थोड़ा आगे निकल गया तब मैं भी पेड़ की ओट से बाहर निकलकर उसका पीछा करने लगा। वह आदमी हल्दी बाजार के निकट बसे कुलीनों के मुहल्ले में बने गुलाबी मकान में रहता है। उसके घर की बाहरी दीवार पर उसका नाम खुदा हुआ है—गिरिधारी लाल। मैंने घर के चारों ओर छोड़ी गई खुली जमीन का लाभ लिया और एक कमरे की खुली खिड़की से अन्दर झाँका तो पाया कि गिरिधारी लाल थैली से स्वर्णमुद्राएँ निकालकर गिन रहा है। उसने मुद्राएँ गिनकर उन्हें थैली में रखा और आसमान की ओर हाथ जोड़े कुछ देर तक खड़ा रहा फिर स्वर्णमुद्राओं की थैली को कमरे में लगी तिजोरी में रखा। तभी एक वृद्ध व्यक्ति उस कमरे में आया और पूछा, 'क्या बात है गिरिधारी? तुमने हाथ-पाँव भी नहीं धोए और कमरे में चले आए? तुम्हारा स्वास्थ्य तो ठीक है?' प्रतिउत्तर में उसने क्या कहा, मैं नहीं सुन पाया।"

तेनाली राम ने उस प्रहरी की पीठ थपथपाई और दूसरे प्रहरी की ओर देखकर पूछा, "तुम्हारा समाचार!"

उस प्रहरी ने कहा, "श्रीमान, मैं जिस व्यक्ति के पीछे गया था वह बहुत गरीब और ईमानदार आदमी है। हल्दी बाजार के पश्चिम में बसे मछुआरों की बस्ती में रहता है। जब मैं उसके आगे चलते हुए एक स्थान पर थैली गिराकर आगे बढ़ा तब उसने आवाज लगाई—'अरे भाई साहब! आपकी थैली!' मैंने उसकी आवाज अनसुनी कर दी और तेजी से आगे बढ़ने लगा

और वह हाथ में थैली लिये लगभग दौड़ता हुआ, 'भाई साहब, भाई साहब' पुकारता रहा। अभी वह दो-चार कदम ही दौड़ पाया था कि उसके पाँव में किसी चीज से ठोकर लगी और वह गिर पड़ा। उसके हाथ से थैली छिटक गई और उसमें से स्वर्णमुद्राएँ निकलकर सड़क पर बिखर गईं। तब तक मैं सड़क के पास के एक गड्ढे में जाकर छुप गया। थोड़ी देर बाद वह आदमी हाथ में थैली लिये, इधर-उधर देखता हुआ तेज कदमों से जाता दिखा। सम्भवतः वह मुझे ही तलाश रहा था। मैं थोड़ी देर के बाद उस गली से निकला और उससे कुछ दूरी बनाकर चलने लगा। जब वह व्यक्ति अपने घर पहुँच गया तब चटाई पर बैठकर उसने स्वर्णमुद्राएँ गिनीं। उसने एक कपड़े के टुकड़े में थैली बाँधकर अपने हाथ में ले ली और उसने कहीं जाने के लिए निकल गया। मैंने समझा कि जरूर वह स्वर्णमुद्राओं को छुपाने के लिए जा रहा होगा लेकिन वह अपने घर से सीधे राज्य कोषागार पहुँचा और सौ स्वर्णमुद्राओं की वह थैली वहाँ जमा कराकर पर्चा कटवाया। उसके बाद वह अपने घर चला आया। राज्य कोषागार में उसने पर्चे पर अपना नाम रामानुजम् लिखवाया है।

तेनाली राम ने उस प्रहरी की भी पीठ थपथपाई और उन्हें सीधे राजभवन पहुँचने का निर्देश देकर भोजन के लिए अपने घर के भीतर चला गया।

"महाराज! आपको अब अधिक प्रतीक्षा नहीं करनी पड़ेगी! आप कृपा कर राज्य कोषागार से यह पता कराएँ कि राजमार्ग में पड़ी सौ-सौ स्वर्णमुद्राओं की दो थैलियाँ क्या किसी को मिली हैं? और राज्य कोषागार में यदि इस तरह की थैलियाँ जमा कराई गई हैं तो जमा करानेवाला कौन था?"

"अरे!" महाराज चौंक पड़े। "क्या बात हो गई तेनाली राम! तुम शेष सभासदों के आने की प्रतीक्षा भी नहीं करना चाहते?" उन्होंने तेनाली राम से कहा।

"महाराज!" तेनाली राम ने विनम्रता से कहा, "जिन दो प्रहरियों की सेवाएँ मैंने ली थीं, वे दोनों रात भर जगे रहे हैं। मैं उनकी सेवाएँ वापस करने के उद्‌देश्य से ही सभा शुरू होने के समय से पहले पहुँच गया हूँ।

कल जो पहेली सुलझाने का जिम्मा आपने मुझे सौंपा था उसके लिए 'प्रमाण' प्राप्त कर लेने के उद्देश्य से मैं सक्रिय हुआ हूँ। कृपया वांछित सूचनाएँ मँगाने में मेरा सहयोग करें। यदि आप निर्देश देंगे तो सूचना अतिशीघ्र प्राप्त हो जाएगी। और सभासदों के आने पर इन दोनों प्रहरियों को मुक्ति मिल सकेगी ये दोनों प्रहरी मेरे शोध के प्रमाण भी हैं और प्रत्यक्षदर्शी भी।"

महाराज कृष्णदेव राय समझ चुके थे कि तेनाली राम ने गरीबी और ईमानदारी का सम्बन्ध स्थापित करने का कोई सूत्र अवश्य पा लिया है।

उन्होंने राज्य कोषागार से सूचना मँगाई। सूचना पत्र में लिखा गया था कि रामानुजम् नाम के एक व्यक्ति ने सौ स्वर्णमुद्राओं की एक थैली राज्य कोषागार में कल मध्य रात्रि से पूर्व जमा कराई है। यह थैली उसे राजमार्ग से हल्दी बाजार जानेवाली राह पर मिली थी। रामानुजम् हल्दी बाजार के पास मछेरों की बस्ती में रहता है और मधुमक्खियों के छत्ते से मधु निकालने का कार्य करता है।

महाराज ने सूचना-पत्र का अवलोकन कर उसे तेनाली राम को सौंप दिया।

जब सभा भवन में सभी सभासद पहुँच गए तब तेनाली राम ने कहना आरम्भ किया, "महाराज! आपके निर्देश पर कल मैंने एक प्रयोग किया और प्रयोग का परिणाम मुझे आज मिल गया। यह सूचना-पत्र, जो राज्य कोषागार से मँगाया गया है, वह एक गरीब व्यक्ति के ईमानदार होने का प्रमाण-पत्र है। यह सूचना-पत्र बताता है कि गरीब आदमी धन-लोलुप नहीं होता है।" फिर तेनाली राम ने सविस्तार अपनी योजना के क्रियान्वयन की कथा सभा भवन में सुनाई। प्रमाण के रूप में दोनों प्रहरियों को प्रस्तुत किया।

दोनों प्रहरियों ने सभासदों को सम्पूर्ण घटना की जानकारी दी।

महाराज ने सिपाहियों को भेजकर सेठ गिरिधारी लाल को पकड़वाकर मँगवाया। पहले तो सेठ इस घटना को ही गलत बताता रहा लेकिन जब तेनाली राम ने उससे कहा कि सौ स्वर्णमुद्राओं से भरी थैली तुमने अपने कमरे की दीवार में लगी तिजोरी में रखी है तब वह सेठ टूट गया और अपना अपराध स्वीकार कर लिया।

महाराज ने सिपाहियों को भेजकर स्वर्णमुद्राएँ मँगा लीं और उसे राज्य कोषागार को सौंप दिया गया। सेठ गिरिधारी लाल को महाराज ने जेल भिजवा दिया। गरीब रामानुजम् को दरबार में बुलाकर सौ स्वर्णमुद्राएँ उसकी ईमानदारी के पुरस्कारस्वरूप प्रदान कीं। इसके बाद महाराज ने तेनाली को अपने गले से लगा लिया और कहा, "सचमुच तेनाली राम! तुम्हारी मेधा का कोई दूसरा उदाहरण मैंने कहीं नहीं देखा।"

स्वर्ण मूषक पुरस्कार

महाराज कृष्णदेव राय अपने दरबार के सभी सभासदों को विशेष महत्त्व देते थे किन्तु फिर भी सभासदों को प्रायः ऐसा लगा करता था कि महाराज तेनाली राम पर अधिक कृपालु हैं और उसे ऐसा मौका दे दिया करते हैं कि वह शेष सभी सभासदों पर भारी पड़ता है। इसलिए आम सभासद ऐसे अवसरों की तलाश में रहते थे जिसमें तेनाली राम का मजाक उड़ाया जा सके।

एक दिन महाराज का दरबार लगा हुआ था। आम दिनों की तरह ही राज्यसभा की कार्रवाई चल रही थी। तभी महाराज ने एक अजीब सी गन्ध उठती महसूस की। उन्होंने सभासदों से पूछा, "क्या उन्हें कोई दुर्गन्ध महसूस हो रही है?"

सभी सभासदों ने बिना सतर्कता से दुर्गन्ध अनुभव करने की कोशिश किए ही कहा, "नहीं महाराज!"

लेकिन तेनाली राम अपने आस-पास की हवा को महसूस करता हुआ बोला, "हाँ, महाराज! ऐसी गन्ध मरे चूहे के शरीर में सड़न उत्पन्न होने के कारण पैदा होती है। लगता है, कहीं आस-पास ही कोई चूहा मरा पड़ा है।"

महाराज ने सेवकों से अविलम्ब चूहे की खोज करने के लिए कहा।

थोड़ी ही देर में एक सेवक ने मरा चूहा ढूँढ़ निकाला और उसे लेकर महाराज के पास चला आया।

महाराज सेवक पर नाराज हो गए। उन्होंने कहा, "ठीक है! तुमने इसे खोज निकाला मगर इसे यहाँ लाने की आवश्यकता क्या थी? कहीं फेंक आते, फिर मुझे आकर सूचना दे देते! मैं इस चूहे का क्या करूँगा?"

सेवक डर से थरथर काँपने लगा।

तभी एक दरबारी ने कहा, "महाराज, आप चाहें तो चूहा इस दरबार के सबसे विद्वान सभासद तेनाली राम को भेंट कर सकते हैं। आपने उसे तरह-तरह के उपहार दिए हैं, आज मरा चूहा ही सही!"

उस दरबारी की बात पर सभी सभासद ही-ही-ही-ही करने लगे। बोलनेवाला सभासद इस दरबार में मसखरा सभासद माना जाता था इसलिए महाराज ने उसकी बातें अनसुनी कर दीं। मगर तेनाली राम इस सभासद की बातों में छुपे कटाक्ष से तिलमिला गया और तत्काल अपनी प्रतिक्रिया व्यक्त करते हुए कहा, "माननीय सभासद! यदि महाराज ने मुझे यह चूहा उपहार में दिया तो मैं इसे आदर के साथ ग्रहण करूँगा। ऐसे भी चूहा विकल्पों का प्रतीक है। भगवान गणपति का वाहन ऐसे ही नहीं बन गया है।"

महाराज तेनाली राम के प्रतिवाद पर मुस्कुरा उठे और बोले, "मरे चूहे का तुम क्या करोगे?"

"यदि आपने मुझे यह चूहा भेंट किया तब मैं यह समझूँगा कि आप मेरी बुद्धि की परीक्षा लेना चाहते हैं और यह परीक्षा देने के लिए मैं इस चूहे से व्यापार करूँगा महाराज!" तेनाली राम ने कहा।

"मरे चूहे से व्यापार? यह तुम कैसे कर सकते हो तेनाली राम?" महाराज ने पूछा।

"महाराज! संसार की प्रत्येक वस्तु का कोई-न-कोई उपयोग है। कोई भी वस्तु व्यर्थ नहीं है। मैं इस मरे चूहे को किसी सपेरे को बेच आऊँगा और उससे गुड़ खरीद लूँगा। इन दिनों गर्मी का मौसम है। मैं उस गुड़ को पानी में मिलाकर मीठा पानी बेचूँगा। मीठा पानी बेचने से जो पैसे मिलेंगे उससे चना खरीदूँगा और चना बेचकर, चना से बने पकवान, सत्तू, गुड़चना आदि बेचकर अच्छा पैसा कमाऊँगा और उन पैसों से कोई बड़ा रोजगार आरम्भ करूँगा।" तेनाली राम ने कहा।

महाराज तेनाली राम की बातें सुनकर बहुत प्रसन्न हुए और सभासदों से कहा, "तेनाली राम की यही तर्कबुद्धि उसे तेनाली राम बनाती है। ऐसी तर्कबुद्धि आम इनसान में प्रायः दुर्लभ है। हमें इस बात का गर्व है कि हमारे दरबार में तेनाली राम जैसा बुद्धिमान सभासद है। मैं आज इसके उत्तर से इतना सन्तुष्ट हूँ कि इसके लिए 'स्वर्ण मूषक' पुरस्कार की घोषणा करता

हूँ तथा राज्य के कोषाध्यक्ष को आदेश देता हूँ कि तेनाली राम को पुरस्कृत करने के लिए पाँच तोले सोने का चूहा बनवाकर दरबार को यथाशीघ्र सौंपे!"

महाराज के इस आदेश का पालन हुआ।

उस दिन दरबार में महाराज ने तेनाली राम को सोने का चूहा पुरस्कार में देकर उसे अपने गले से लगा लिया।

तेनाली राम के आलोचकों को महाराज की ओर से दिया गया यह एक करारा जवाब था।

महत्त्वाकांक्षी युवा तपस्वी

विजयनगर में प्रत्येक वर्ष कोई-न-कोई उत्सव-समारोह आदि हुआ करता था। महाराज कृष्णदेव राय उत्सव-प्रेमी ही नहीं, अध्यात्म-प्रेमी भी थे। उनका मानना था कि आध्यात्मिक होने का अर्थ यह नहीं है कि आप धार्मिक कर्मकांडों में उलझ जाएँ। ये कर्मकांड तो मनुष्य को विचारों की संकीर्णता की ओर ले जाते हैं। यह करो, ऐसे करो बतानेवाले कर्मकांड निषेध और वर्जनाओं पर आधारित हैं क्योंकि ये यह भी बताते हैं कि वह न करो, वैसा न करो। प्रायः महाराज अपने चिन्तन की चर्चा तेनाली राम से करते रहते थे। एक उत्सव के अवसर पर महाराज ने प्रसन्न होकर एक तपस्वी को विजयनगर में कुटिया बनाने के लिए भूमि एवं अन्य सुविधाएँ दे दीं। तेनाली राम ने महाराज के इस व्यवहार पर अपनी शंका जताई, "महाराज! मुझे तो यह युवा तपस्वी कहीं से भी पहुँचा हुआ प्राणी नहीं लगा और न ही इसमें पांडित्य की वैसी प्रखरता है जिससे यह दूसरों का मार्गदर्शन कर सके। फिर आपने यह उदारता क्यों दिखाई?"

"देखो तेनाली राम! मैं विजयनगर का राजा हूँ और इससे इतर भी मेरा एक निजत्व है। मैं स्वयं आध्यात्मिक चिन्तक हूँ। विजयनगर में हर वर्ष आयोजित होनेवाले समारोहों का उद्देश्य ही है लोगों को जोड़ना। इन समारोहों के समय ऐसे अनेक कार्यक्रम होते हैं जिनमें भाग लेकर या देख-सुनकर लोगों की दमित इच्छाओं की पूर्ति हो जाती है। इसलिए विजयनगर के निवासियों में तुम्हें सन्तोष और उल्लास की कमी नहीं दिखेगी। यही है मेरे शासन की सफलता का पहला सोपान।...मेरे पास जब यह युवक पहुँचा तब मुझे यह विश्वास हो गया कि यह युवक महत्त्वाकांक्षी है, अन्यथा सामान्य साधु-सन्तों की तरह यह किसी के द्वार पर भी जा

सकता था। जब इसने मुझसे वियजनगर में कुटिया बनाने की सुविधा माँगी, तो मेरे सामने यह बात साफ हो गई कि यह युवक किसी दूसरे राज्य से आया है। इस प्रकार एक राजा के समक्ष वह एक शरणागत की तरह था, तो उसे कुटिया बनाने की सुविधा देकर मैंने राजधर्मानुकूल कार्य किया है। रही उसके सिद्ध नहीं होने की बात तो मुझे विश्वास है कि वह सिद्धि तो प्राप्त कर ही लेगा, क्योंकि महत्त्वाकांक्षी व्यक्ति वांछित को प्राप्त करके ही दम लेता है।'' महाराज ने कहा।

महाराज की तर्कसंगत बातें सुनकर तेनाली राम मौन हो गया।

धीरे-धीरे समय बीतता रहा। महाराज उस युवक को भूल गए। दो राज्य महोत्सव बीत गए। उस युवक ने महाराज के दर्शन नहीं किए।

तीसरे राज्य महोत्सव के प्रारम्भ में ही वह युवक महाराज के पास पहुँचा। उसके मुख से विद्वत्ता का तेज प्रकट हो रहा था। वह दूर से ही तेजस्वी प्रतीत हो रहा था। युवक ने महाराज के समीप आकर कहा, ''महाराज! मैंने सभी धर्मग्रन्थों का अध्ययन कर लिया है। मैं सभी शास्त्रों का ज्ञाता हो गया हूँ। आप मुझे अपना गुरु बना लें!''

महाराज ने युवक की ओर मुस्कुराते हुए देखा और बोले, ''युवक! यह ठीक है कि तुमने सभी शास्त्र पढ़ लिये हैं मगर मेरा गुरु बनने के लिए इतना ही काफी नहीं है। अब तो तुम्हें अपने अध्ययन पर चिन्तन करना चाहिए। ...मुझे ऐसा आभास हो रहा है कि तुममें अभी भी कोई कमी है जिसके कारण मैं अभी तुम्हें अपना गुरु नहीं बना सकता।''

महाराज की बातें सुनकर वह युवक वापस लौट गया।

तेनाली राम उस समय वहीं था। उसने महाराज और युवक की बातें सुनी थीं। उसने कहा, ''महाराज! आपने ठीक ही कहा था कि युवक बहुत महत्त्वाकांक्षी है। सोद्‌देश्य साधना कर रहा है, यह भी उसके महत्त्वाकांक्षी होने का संकेत है...और देखिए उसकी महत्त्वाकांक्षा की पराकाष्ठा–वह आपका गुरु बनना चाहता है। इसका अर्थ तो यही है कि वह विजयनगर का राजगुरु बनने की अभीप्सा से यहाँ आया है।"

''तुम ठीक समझे तेनाली राम!'' महाराज ने उत्तर दिया।

और बात वहीं समाप्त हो गई।

महाराज अपनी सामान्य दिनचर्या में लग गए। वही रोज दरबार का

काम-काज देखना और कभी-कभी प्रजा का दुख-सुख जानने के लिए विजयनगर के भ्रमण पर निकल जाना—यही थी उनकी सामान्य दिनचर्या।

वर्ष बीतते देर नहीं लगी। महाराज अपने अभ्यास के अनुरूप ही वार्षिक समारोह की तैयारियों की स्वयं समीक्षा करते। कौन-कौन से कार्यक्रम आयोजित होंगे, कहाँ रंगमंच बनेगा, पनसाला कहाँ लगेगी और भोजनालय कहाँ बनेगा; प्रजा को इस वर्ष के समारोह के समय राज्य की ओर से मिलनेवाले भोजन के लिए क्या-क्या पकेगा—यानी छोटी से छोटी बात के लिए भी महाराज स्वयं निर्देश दे रहे थे। तेनाली राम हमेशा की तरह उनके साथ था।

हर्षोल्लास के साथ विजयनगर का वार्षिकोत्सव आरम्भ हुआ। इस वार्षिकोत्सव के आरम्भ में वह युवा तपस्वी महाराज के पास आया लेकिन इस बार उसने महाराज से गुरु बनाने को नहीं कहा। महोत्सव के अवसर पर उसने महाराज को शुभकामनाएँ दीं तथा महाराज से कहा, "महोत्सव के समय रास-रंग-मनोरंजन के साथ ही उन्हें कोई धार्मिक अनुष्ठान कराना चाहिए।"

महाराज ने तेनाली राम की ओर देखा।

तेनाली राम ने महाराज का भाव समझा और युवा तपस्वी से कहा, "प्रभु! सभी धर्म एक सी ही बात करते हैं। इसलिए संशय है कि कौन-सा धार्मिक अनुष्ठान किया जाए और जब तक संशय है तब तक कोई अनुष्ठान हो ही नहीं सकता क्योंकि संशययुक्त मन से धर्म की बातें सम्भव नहीं हैं।"

युवा तपस्वी ने कहा, "आप ठीक कह रहे हैं।"

तेनाली राम ने उस युवा तपस्वी से विनम्रता के साथ कहा, "प्रभु! ऐसा प्रतीत होता है कि आपने चिन्तन कार्य तो पूरी निष्ठा से किया है, अब आप निष्ठापूर्वक मनन कार्य में लगें तब ही आपकी साधना पूर्ण होगी।"

वह युवक वहाँ से चला गया। महाराज महोत्सव का आनन्द उठाने में लगे और तेनाली राम सखा भाव से उनके साथ रमा रहा।

इसके बाद कई वर्षों तक युवा तपस्वी महोत्सव के समय महाराज से मिलने नहीं आया।

एक बार विजयनगर में जब महाराज और तेनाली राम वार्षिक महोत्सव के लिए कार्यक्रम तय करने बैठे तो बात ही बात में उन्हें उस युवा तपस्वी

का स्मरण हो आया। उन्होंने तेनाली राम से पूछा, ''कई वर्ष व्यतीत हो गए, मेरा गुरु बनने की इच्छा से विजयनगर में कुटिया बनाकर तपश्चर्या में लगा वह युवक आया नहीं...कुछ अता-पता है उसका?''

तेनाली राम ने तत्परता से उत्तर दिया, ''शीघ्र ही सूचित करूँगा महाराज!''

इसके बाद तेनाली राम ने उस युवा तपस्वी के सन्दर्भ में सूचनाएँ एकत्रित करवाईं। सूचना थी कि वह युवा तपस्वी अब कुटिया से निकलता ही नहीं। कभी-कभी किसी-किसी को दिख जाता है। वह न तो पूजा-अनुष्ठान करता दिखाई देता है और न किसी से कोई याचना करने जाता है। पिछले वर्ष जब अतिवृष्टि के कारण गाँव के गाँव पानी में डूब गए थे तब इस युवा तपस्वी ने पीड़ित लोगों को बचाने और उनके लिए सुविधाएँ जुटाने में अपना जी-जान लगा दिया था।

तेनाली राम ने महाराज को युवा तपस्वी के सन्दर्भ में मिली समस्त सूचनाएँ दीं और कहा, ''लगता है, महाराज! यह युवा तपस्वी सिद्ध हो चुका है।''

महाराज कुछ बोले नहीं। महोत्सव आरम्भ हुआ। राजा के साथ प्रजा के मेल से उन्मुक्ति और आनन्द का एक सुखद और आह्लादकारी वातावरण बना। विजयनगर की खुशहाली के इसी सूत्र को स्मरण रखने के लिए महाराज इस महोत्सव का आयोजन कराते थे। महोत्सव के समापन के बाद महाराज ने तेनाली राम से कहा, ''तेनाली राम, चलो, जरा उस युवा तपस्वी से मिल आएँ।''

महाराज और तेनाली राम स्वयं चलकर युवा तपस्वी की कुटिया में गए। युवा तपस्वी ने उन्हें देखकर अपने हाथ जोड़ लिये और कहा, ''धन्यभाग्य! हमारे गुरुजन पधारे!'

महाराज विस्मित से रह गए युवक की बात सुनकर। उन्होंने कहा, ''प्रभु, यह आप क्या कह रहे हैं? मैं तो यह समझता हूँ कि अब आप सिद्ध हो चुके हैं इसलिए आपसे दीक्षा लेने की इच्छा से आपके पास आया था।''

युवक ने गम्भीरता से कहा, ''महाराज! आप मेरे आश्रयदाता हैं। पिता तुल्य और आदरणीय। और तेनाली राम मेरे गुरु हैं–उन्होंने मुझे मनन करने

की सीख दी थी और मैं उनके निर्देश पर ही मन में डूब गया। तब मैंने जाना कि संसार में ऐसा कोई नहीं जिसमें ज्ञान का सागर न हो...चाहने पर कोई भी इस ज्ञान-सागर में गोते लगा सकता है।"

उस युवक ने तेनाली राम के चरण छुए और तेनाली राम ने उसे अपने गले से लगा लिया।

खेत का उपदेश

महाराज कृष्णदेव राय अपने प्रिय सभासद तेनाली राम के साथ प्रायः विजयनगर के भ्रमण के लिए निकल जाते थे। प्रजा का दुख-दर्द जानने का उन्हें अपना यह तरीका बहुत पसन्द था। इस तरह के भ्रमण से जहाँ वे अपने राज्य की समस्त सूचनाओं से भिज्ञ रहते थे, वहीं अपने राज्य के विभिन्न क्षेत्रों के लोगों के मनोभावों से भी परिचित होते थे। तेनाली राम को वे इस तरह की यात्राओं के समय हमेशा साथ रखते थे। उसका एकमात्र कारण यह था कि तेनाली राम उनके मनोभावों को आसानी से समझ लेता था और स्थिति देखकर उसके अनुकूल आचरण करना जानता था।

एक बार विजयनगर में अच्छी बारिश हुई। समय पर अच्छी वर्षा हो जाने से फसल भी बहुत अच्छी हुई जिससे विजयनगर के कृषकों में काफी खुशी थी।

महाराज तेनाली राम के साथ प्रदेश की यात्रा पर थे। वे एक गाँव से दूसरे गाँव जाते और ग्रामीणों की वास्तविक दशा से अवगत होकर आगे बढ़ जाते। वे तेनाली राम के साथ ही किसी गाँव में पड़ाव डालकर रात बिताते और सुबह होते ही आगे बढ़ जाते। यह सिलसिला काफी समय से चल रहा था। एक दिन महाराज तेनाली राम के साथ एक गाँव से गुजर रहे थे। रास्ते में धान के एक खेत में एक किसान उल्लसित भाव में बैठा हुआ मिल गया। महाराज ने उसके पास जाकर कहा, "भगवान की कृपा से इस बार फसल बहुत अच्छी हुई है—है न!"

उस किसान ने महाराज और तेनाली राम को सामान्य राहगीर समझा और बहुत दर्प के साथ उत्तर दिया, "अरे भाई! इसमें भगवान की कृपा जैसी कोई बात नहीं है। खेत में कुछ भी भगवान की कृपा से नहीं उगता है।

उगता है अच्छे बीज, खाद, सिंचाई और निराई के कारण। अभी जो यह लहलहाता हुआ खेत देख रहे हो, वह मेरी मेहनत के कारण है, भगवान की कृपा के कारण नहीं। मैंने कड़ी धूप में इस खेत में कुदाल चलाया, कड़ी मेहनत कर मिट्टी तैयार की, बारिश में भीग-भीगकर बुआई की, लगातार सतर्क रहा, समय पर सिंचाई की, रात में जगकर फसल की रखवाली की। तब जाकर यह खेत इस तरह लहलहाया है। यह मेरी लगातार मेहनत का परिणाम है। जो भी मेहनत करेगा, खेत उसके लिए अच्छी पैदावार देगा ही। यही नियम है। न तो यह भाग्य का खेल है और न ही ईश्वरीय चमत्कार!''

तेनाली राम ने किसान को इस तरह अतिविश्वास में बोलते सुना तब किसान से कहा, ''हाँ, तुम ठीक कहते हो, मेहनत करनेवालों को ही उसका अच्छा फल भी प्राप्त होता है।'' इतना कहकर उसने महाराज को आगे बढ़ने का संकेत किया।

दोनों अपने गन्तव्य की ओर बढ़ने लगे।

इस घटना के कुछ वर्ष बाद विजयनगर अनावृष्टि का शिकार हो गया। बरसात के मौसम में भी आसमान में बादलों के दर्शन दुर्लभ हो गए। सूर्य की सीधी किरणों से धरती में दरारें पड़ने लगीं। विजयनगर की प्रजा त्राहि-त्राहि करने लगी। मवेशियों के लिए चारे का अभाव हो गया। चारा नहीं मिलने के कारण मवेशी मरने लगे।

पूर्व में विजयनगर की ऐसी हालत कभी हुई हो, ऐसा महाराज की स्मृति में नहीं था। उन्होंने एक दिन तेनाली राम से प्रजा का दुख-सुख जानने के लिए विजयनगर भ्रमण का कार्यक्रम तैयार करने के लिए कहा।

तेनाली राम ने महाराज के खुफिया विभाग से विजयनगर के ऐसे इलाकों का नक्शा तैयार करवा लिया जहाँ अनावृष्टि के कारण भुखमरी की नौबत आ चुकी थी। किसान पलायन करने को बाध्य हो गए थे। मवेशी मर रहे थे।

नक्शा मिल जाने पर तेनाली राम ने गाँवों की प्राथमिकताएँ तय कीं कि कहाँ पहले जाना चाहिए और कहाँ बाद में। फिर महाराज और तेनाली राम का विजयनगर भ्रमण का अभियान शुरू हो गया। महाराज कृष्णदेव राय बहुत सूक्ष्मता से यह जानकारी जुटा रहे थे कि किस गाँव में कितने किसान रहते हैं और अनावृष्टि के कारण उन्हें कितना नुकसान उठाना पड़ रहा है।

वैसे राज्य का खुफिया विभाग अपने स्तर पर पूरे राज्य की बदहाली के सम्बन्ध में महत्त्वपूर्ण तथ्य जुटाने में लगा था और राज्य का सिंचाई विभाग उन सम्भावनाओं की तलाश में था जिससे अनावृष्टि के बावजूद राज्य में कृषि की पहल की जा सके।

महाराज ने राज्य के अन्न भंडार के द्वार अनावृष्टि के शिकार कृषकों के सहायतार्थ खुलवा दिए थे। मगर इतना ही काफी नहीं था। इसलिए वे स्वयं गाँवों की वास्तविक स्थिति का मूल्यांकन करने के लिए निकले थे।

यात्रा आरम्भ करने के एक सप्ताह बाद ही महाराज उस गाँव में थे जहाँ का एक किसान कभी उनसे बोला था, 'कृषि उत्पाद उसके श्रम का परिणाम है, ईश्वरीय कृपा का नहीं।' उस गाँव में प्रवेश के साथ ही उन्हें वह घटना याद हो आई।

संयोग की बात थी कि तेनाली राम को वह किसान खेत की मेड़ पर बैठा दिख गया। किसान उदास था और उसके खेत में भी दूर तक कोई फसल नहीं दिख रही थी। उसके पास पहुँचने के बाद तेनाली राम ने महाराज को रुकने का संकेत किया और खुद उस किसान के पास पहुँचकर पूछा, "क्या बात है भाई! बहुत उदास दिख रहे हो?"

उस किसान ने लम्बी साँस ली और बोला, "क्या कहूँ भाई, सब किस्मत का खेल है। कभी इस खेत में फसलें लहलहाती थीं। इस साल ऊपरवाले ने ऐसा कहर बरपा किया है कि खेत में डाले गए बीज सूरज की तपिश से भुन गए। खाद बरबाद हो गई। इस बार यदि बारिश नहीं हुई तब बीज-खाद की कीमत भी जेब से भरनी होगी।"

तेनाली राम ने उसे दिलासा देते हुए कहा, "अजीब बाजीगर है यह ऊपरवाला भी! कभी देता है तो कभी ले भी लेता है।"

तेनाली राम की बातें सुनकर किसान ने उसकी ओर देखा। उसे तेनाली राम का चेहरा पहचाना-सा लगा। फिर उसे तेनाली राम से इसी मौसम में कुछ वर्ष पहले हुई मुलाकात की याद हो आई। उसने तेनाली राम से पूछा, "आप मेरा दुख जानना चाहते हैं, तो कटाक्ष क्यों कर रहे हैं? आपकी बातों से ऐसा लग रहा है मानो आप जले पर नमक छिड़कने आए हैं। आपकी बातें मुझे सान्त्वना नहीं दे रही हैं और न ही ढाढस बँधा रही हैं!"

तेनाली राम ने उचित अवसर देखते हुए कहा, "बन्धु, तुम्हें स्मरण होगा जब हम लोग पिछली बार तुमसे यहीं पर मिले थे तब तुमने यह मानने से इनकार कर दिया था कि अच्छी फसल होना भगवान की कृपा है बल्कि अतिविश्वास से कहा था कि अच्छी फसल मेरी मेहनत का परिणाम है।...अब जब फसल बरबाद हो गई है तब इसके लिए तुम भगवान पर दोष मढ़ रहे हो! यह उचित नहीं है। अच्छे परिणाम का श्रेय खुद को देना और बुरे परिणाम के लिए भगवान को दोषी बताना उचित नहीं है। इसी खेत की फसलों से मुझे तो यही शिक्षा मिली है कि अच्छे परिणाम के लिए भगवान की कृपा और परिश्रम दोनों की आवश्यकता होती है।"

किसान अवाक् होकर तेनाली राम का मुँह देखता रह गया।

महाराज ने तेनाली राम की पीठ थपथपाई और दोनों आगे बढ़ गए।

श्रम और स्वाद

एक बार महाराज कृष्णदेव राय तेनाली राम के साथ घोड़े पर सवार होकर शिकार के लिए विजयनगर के निकटवर्ती जंगल में गए। दोनों ने इच्छा भर शिकार किया और वापसी के लिए घोड़ा घुमा लिया। लेकिन थोड़ी ही देर के बाद उन्हें समझ में आ गया कि वे राह भटक गए हैं। दोनों भटकते-भटकते थककर चूर हो चुके थे। घोड़े पसीने से लथपथ थे। सूर्य दक्षिण-पश्चिम के कोण तक पहुँचने ही वाला था। महाराज यह सब देखकर हताश हो रहे थे। उन्होंने तेनाली राम से कहा, "अब क्या होगा तेनाली राम! आखिर हम लोग कब तक जंगल में भटकते रहेंगे? हमारे घोड़े भी थक चुके हैं, उन्हें भी विश्राम चाहिए। जिस तरह प्यास के मारे हमारा गला सूख रहा है, उसी तरह इन घोड़ों को भी प्यास लगी होगी। देखते नहीं, किस तरह हाँफ रहे हैं घोड़े!"

"महाराज! धैर्य के अलावा और कोई उपाय नहीं है। अच्छा है कि हम एक ही दिशा में आगे बढ़ते रहें।" तेनाली राम ने कहा।

दोनों के घोड़े दौड़ते रहे।

थोड़ी देर के बाद तेनाली राम ने महाराज से खुश होते हुए कहा, "महाराज! सामने देखिए। पेड़ पर बगुलों का झुंड बैठा हुआ है।"

"तो इसमें खुश होने की क्या बात है? तुम तो ऐसे खुश हो रहे हो तेनाली राम मानो विजयनगर वापसी की राह मिल गई हो!" महाराज ने तेनाली राम से कहा।

"जी हाँ, महाराज! बगुलों के दिखने से यह सम्भावना भी दिखने लगी है कि शीघ्र ही हमें नगर वापसी की राह बतानेवाला कोई-न-कोई मिल जाएगा। खाने के लिए कुछ मिले न मिले, पीने के लिए पानी अवश्य मिल जाएगा।" तेनाली राम ने कहा।

"यह तुम किस आधार पर कह रहे हो?" महाराज ने पूछा।

"महाराज, बगुलों के आधार पर।" तेनाली राम ने उत्तर दिया।

"क्या मतलब?" महाराज ने पूछा।

"मतलब यह महाराज कि बगुलों के झुंड का यहाँ होना यह संकेत दे रहा है कि आस-पास ही कोई नदी बह रही है।" तेनाली राम ने कहा।

महाराज खुश होते हुए बोले, "अरे, मेरे ध्यान में तो यह बात ही नहीं आई थी! तुम ठीक कह रहे हो तेनाली राम! ऐसा हो सकता है।"

थोड़ी दूर घोड़ा और दौड़ा तब तेनाली राम ने भूमि पर बड़े पत्तोंवाली लताएँ बिछी हुई देखीं। इन लताओं के कुछ पत्तों पर जानवरों के खुरों और पंजों के कीचड़ सने निशान थे। इनमें से कुछ निशान कच्चे थे तो कुछ सूखे यानी गीली मिट्टीवाले निशान और सूखी मिट्टीवाले निशान।

तेनाली राम ने महाराज को उन निशानों को दिखाते हुए कहा, "महाराज, घोड़े को उस ओर ले चलें जिधर से पंजों और खुरों के निशान आते दिखाई पड़ रहे हैं।" ऐसा कहते हुए तेनाली राम ने स्वयं अपना घोड़ा मोड़ लिया।

महाराज समझ नहीं पाए कि तेनाली राम किन निशानों की बात कर रहा है। वे थक चुके थे और पसीने से लथपथ हो चुके थे। उन्हें बोलने की इच्छा नहीं हुई इसलिए उन्होंने चुपचाप घोड़े को तेनाली राम के घोड़े के पीछे लगा दिया।

थोड़ी ही दूरी पर उन्हें एक नदी दिखाई पड़ी। दोनों ने नदी की धारा में हाथ-मुँह धोए। फिर जी भर के पानी पीया। जब उनकी प्यास बुझ गई तब वे अपने घोड़ों को ले आए। दोनों घोड़ों ने भी पानी पीया।

महाराज ने तेनाली राम से कहा, "तेनाली राम, मैं कामना करता हूँ कि दूसरी सम्भावना भी सच साबित हो जाए।"

"जी हाँ, महाराज, नदी है तो आस-पास कोई बस्ती भी होगी। पहले थोड़ा विश्राम कर लें फिर देखते हैं कि आगे क्या है।" इतना कहकर तेनाली राम ने दोनों घोड़ों को ऐसे स्थान पर ले जाकर बाँध दिया जहाँ हरी घास दूर तक भूमि पर आच्छादित थी। उसने घोड़ों को वहीं छोड़ दिया और स्वयं महाराज के पास आ गया। उसने महाराज से कहा, "महाराज! आइए, नदी के किनारे बालू पर हम लोग थोड़ी देर लेट लें। थोड़े विश्राम के बाद सोचेंगे कि अब क्या करना है और किधर जाना है।"

महाराज थके हुए तो थे ही, उन्होंने बालू पर लेटते हुए कहा, "लेकिन तेनाली राम! थोड़ी ही देर में शाम हो जाएगी। ऊपर से, यह नदी का किनारा है। कभी भी कोई जंगली जानवर इधर पानी पीने के लिए आ सकता है।"

महाराज के पास ही तेनाली राम लेट गया और कहा, "महाराज, जंगली जन्तुओं से भय की आवश्यकता नहीं। इस समय यदि कोई हिंस्र जीव इधर आया तो विश्वास कीजिए कि वह शिकार करके अपना पेट भर चुका होगा। वैसे भी मनुष्य से सभी हिंस्र जानवर स्वयं भयभीत रहते हैं इसलिए भयरहित होकर हम लोग थोड़ी देर विश्राम करें।"

अभी उन लोगों को विश्राम के लिए लेटे कुछ समय ही बीता था कि एक प्रौढ़ महिला हाथ में घड़ा लिये नदी से पानी लेने के लिए आई। उसने घड़े को पानी में डुबोया तो उसमें जाते पानी की 'गड-गड' ध्वनि से महाराज और तेनाली राम दोनों का ध्यान उस ओर गया। उन दोनों ने नदी की ओर देखा और प्रसन्न हो गए। महाराज ने प्रसन्न होते हुए तेनाली राम से कहा, "तेनाली राम! तुम्हारा दूसरा अनुमान भी सच साबित हुआ। चलो, महिला से पता करें विजयनगर जाने का रास्ता।"

दोनों महिला के पास पहुँचे। महिला ने उन्हें देखते ही समझ लिया कि ये दोनों राजसी व्यक्तित्व के स्वामी हैं। अवश्य इनमें से कोई राजा है। ऐसा सोचकर उसने दोनों को नमस्कार किया और पूछने लगी, "राह भटक गए हो राजन?"

महाराज उस महिला की शालीनता से बहुत प्रभावित हुए और महिला से कहा, "हाँ माता! हम दोनों राह भूल गए हैं। जंगल में भटकते-भटकते थक गए हैं और भूखे हैं।"

महिला ने उनसे कहा, "कोई बात नहीं, अब तुम दोनों मेरे साथ मेरी झोंपड़ी में चलो। झोंपड़ी में जो कुछ है उससे अपनी भूख मिटाओ। घोड़ों को ले चलकर झोंपड़ी के पास बाँध देना। घोड़ों के चारे की व्यवस्था भी मैं कर दूँगी। सुबह जहाँ कहीं भी जाना है, चले जाना। पल-दो पल में अब सूरज डूब जाएगा। रात हो जाएगी। और जंगल में रात को अनजान राह पर भटकना खतरे से खाली नहीं। कहते हैं कि हिंस्र जन्तुओं की शक्ति रात्रि में कई गुना बढ़ जाती है।"

महाराज और तेनाली राम के समक्ष उस महिला का प्रस्ताव स्वीकार कर लेने के अलावा कोई चारा नहीं था इसलिए वे दोनों उस महिला के साथ उसकी झोंपड़ी में चले गए।

महिला की झोंपड़ी जंगल में बसे एक छोटे गाँव में थी। पाँच-छः परिवारोंवाले इस गाँव में पन्द्रह-बीस लोग ही रहते थे। वन-पत्रों और शिकार पर उनका जीवन आधारित था।

महाराज और तेनाली राम दोनों ही भूख से बेहाल थे। महिला ने उन्हें गुड़ और चने के उपयोग से बनाया गया पेठा दिया। महाराज को यह पेठा बहुत स्वादिष्ट लगा।

दूसरे दिन सुबह महिला ने उन दोनों को विजयनगर की राह दिखा दी और वे दोनों विजयनगर चले आए।

फिर सब कुछ सामान्य हो गया। महाराज और तेनाली राम नियमित राजभवन जाते। वहाँ दोनों में बातचीत होती।

एक दिन महाराज ने तेनाली राम से कहा, "तेनाली राम! मुझे वह पेठा खाने की बड़ी इच्छा है। कहीं से चने-गुड़ के पेठे की व्यवस्था करो।"

तेनाली राम ने विजयनगर की एक दुकान से महाराज के लिए पेठा मँगवा दिया।

मगर महाराज को इस पेठे में वह स्वाद नहीं मिला।

दूसरे दिन महाराज ने तेनाली राम को बताया कि कल जो पेठा खाया, उसमें वह बात ही नहीं थी जो उस जंगलवाली महिला के पेठे में थी।

तेनाली राम ने किसी दूसरी दुकान से महाराज के लिए पेठा मँगा दिया मगर महाराज को उससे भी सन्तुष्टि नहीं मिली।

इस प्रकार महाराज को बारी-बारी से विजयनगर की सभी दुकानों के पेठे खिलाए गए मगर महाराज को उस महिला की झोंपड़ी में मिले पेठे का स्वाद नहीं मिला।

अन्ततः एक दिन तेनाली राम ने महाराज से जंगल में उस महिला से मिलने चलने के लिए कहा। महाराज सहर्ष तैयार हो गए।

दूसरे दिन सुबह दोनों जंगल में उस महिला की झोंपड़ी की ओर चल दिए। महिला की झोंपड़ी तक पहुँचते-पहुँचते दोनों थककर चूर हो गए। उन्हें भूख भी जोरों की लगी थी।

महिला की झोंपड़ी में जब वे दोनों पहुँचे तब महिला उन्हें देखकर बहुत प्रसन्न हुई। उसने उन दोनों को बैठने के लिए चटाई बिछा दी। पीने के लिए पानी दिया।

महाराज ने महिला से कहा, "माँ, मुझे चना-गुड़ का पेठा खिलाओ। तुम्हारे हाथ का पेठा खाने के लिए ही मैं यहाँ आया हूँ।"

महाराज की अपनापन-भरी बातें सुनकर महिला बहुत प्रसन्न हुई। उसने तुरन्त महाराज के लिए पेठा बनाया।

इस बीच तेनाली राम ने महिला को बता दिया था कि चना-गुड़ का यह पेठा महाराज को कितना पसन्द है और कैसे विजयनगर की हर दुकान का पेठा खाने के बाद भी महाराज को उसके हाथ से बने पेठे का स्वाद नहीं मिला और वे पेठा खाने जंगल में आ गए।

पेठा बनाकर महिला ने महाराज और तेनाली राम के लिए परोस दिया। महाराज ने पेठा खाने पर पाया—वही स्वाद! वही मिठास! वे पेठे के स्वाद में खो से गए। जी भर के पेठा खाया और महिला के पेठे की खूब प्रशंसा की।

महिला ने पेठे के स्वाद का रहस्य खोलते हुए कहा, "राजन! जब तुम पहली बार पेठा खाए थे, उस दिन भी तुम्हें खूब जोरों की भूख लगी थी। जंगल में भटकने के कारण श्रमजनित थकन से तुम क्लान्त से थे। शरीर से खूब पसीना बह चुका था। इस प्रकार तुम्हारे शरीर के रग-रग को नई ऊर्जा के लिए आहार की आवश्यकता थी और आज भी तुम्हारी स्थिति उस दिन जैसी ही है। सच है कि यह पेठा भी वैसा ही पेठा है जैसा विजयनगर की दुकानों में मिलता है। दरअसल बात यह है कि जब भी श्रम करने के बाद भूख लगती है तब भोजन करने पर उसका स्वाद अद्वितीय लगता है।"

दरअसल बात यह है कि महिला की बात से महाराज और तेनाली राम बहुत सन्तुष्ट हुए। महाराज ने महिला को ढेर सारा धन उपहार में दिया और वहाँ से विजयनगर वापस आ गए।

खुलीं आँखें महाराज की

महाराज कृष्णदेव राय कभी-कभी तेनाली राम को साथ लेकर विजयनगर की प्रजा का दुख-सुख जानने के उद्देश्य से भ्रमण के लिए निकल जाते थे। ऐसे भ्रमण के समय दोनों आम नागरिकों जैसे परिधान में रहते थे।

एक दिन महाराज ने कहा, ''तेनाली राम! राज-काज की समरसता से बड़ी ऊब हो रही है। क्यों न हम लोग दो-चार दिनों के लिए कहीं भ्रमण के लिए निकल जाएँ? इससे समरसता भी दूर होगी और हम लोग अपनी प्रजा की वास्तविक स्थितियों को भी समझ पाएँगे।''

तेनाली राम भला महाराज की बातों का क्या विरोध करता! वह तुरन्त तैयार हो गया। कार्यक्रम तय हो गया। उस दिन तेनाली राम यात्रा की तैयारी के लिए अपने घर चला गया। दूसरे दिन यात्रा आरम्भ होनी थी इसलिए तेनाली राम ने आनन-फानन में अपनी तैयारियाँ पूरी कर लीं। उसने थैले में कुछ कपड़े रखे। जेब में कुछ मुद्राएँ रखीं। जूतों को साफ किया। घोड़े को नहला-धुलाकर उसकी मालिश की। हो गई उसकी तैयारी पूरी। ऐसे भी वह महाराज के साथ जा रहा था इसलिए राह व्यय आदि की चिन्ता उसे नहीं करनी थी फिर भी उसने कुछ पैसे अपने साथ रख लिये थे। यह सोचकर कि पता नहीं कब पैसों की आवश्यकता पड़ जाए। तेनाली राम का मानना था कि पैसों का कोई विकल्प नहीं होता। पैसों का काम पैसे से ही पूरा हो सकता है।

दूसरे दिन वह महाराज के साथ राज्य-भ्रमण के लिए निकल पड़ा। यानी उन दोनों की यात्रा प्रारम्भ हो गई। यात्रा के दौरान महाराज तेनाली राम से प्रायः कुछ बातें किया करते थे। उनकी बातों में कई प्रकार की जिज्ञासाएँ हुआ करती थीं। इस बार यात्रा का पहला पड़ाव एक नगर की धर्मशाला में

था। महाराज ने धर्मशाला पहुँचकर स्नान किया और वस्त्र बदले। फिर तेनाली राम के साथ पैदल ही नगर भ्रमण के लिए निकले। उन्हें यह देखकर प्रसन्नता हुई कि उनके राज्य का यह नगर खुशहाल था। बाजार में प्रकाश था। अधिकांश दुकानों में तोरण द्वार लगे हुए थे। एक स्थान पर महाराज ने भीड़ देखी तो तेनाली राम के साथ वे यह देखने के लिए उस स्थान पर गए कि भीड़ क्यों लगी हुई है। उस स्थान पर पहुँचकर महाराज ने देखा कि एक धनाढ्य व्यक्ति गरीबों के बीच अनाज और पैसे बाँट रहा है। महाराज उस व्यक्ति की दानशीलता से बहुत प्रभावित हुए और तेनाली राम से कहा, "तेनाली राम! ऐसे दानी और पुण्यात्मा लोगों से ही धरती टिकी हुई है। देखो इस दानी को, कितनी एकाग्रता से यह गरीबों को दान दे रहा है!"

महाराज इतना ही बोल पाए थे कि दानकर्ता के पास खड़े दो पगड़ीधारी लठैतों ने नारा बुलन्द किया, "...बोलो ध्यानी चन्द सेठ की..."

दान लेने के लिए खड़े लोगों ने आवाज लगाई, "जय!"

इस जयकार की गूँज के साथ ही महाराज तेनाली राम का हाथ पकड़कर पुनः धर्मशाला की दिशा में चल पड़े।

महाराज चाहते थे कि तेनाली राम दान पर भी कुछ बोले। जिस तरह लोगों ने उस सेठ के लिए जयकार किया था, उससे महाराज के मन में भी इच्छा हो गई थी कि कभी वे भी गरीबों की बस्ती में जाएँगे और उनकी सहायता के लिए अन्न और द्रव्य दान करेंगे तब लोग उनके लिए भी ऐसे ही जयघोष करेंगे। सत्ता हमेशा ऐसे ही छोटे प्रलोभन से उत्पन्न जय के मद में डूबी रहती है। महाराज की इस चाह में भी सत्ता का वही मद काम कर रहा था।

महाराज द्वारा पूछे जाने पर भी तेनाली राम ने सेठ के दान के प्रसंग में कुछ भी नहीं कहा।

महाराज क्षुब्ध हो उठे और तेनाली राम से चिढ़कर कहा, "तुम कैसे मनुष्य हो? एक प्रश्न मैंने तुमसे कई बार पूछा लेकिन तुम मौन साधे रहे! आखिर क्यों?"

"महाराज! मैं एक ऐसा मनुष्य हूँ जिसका अपनी देह और मन पर पूर्ण अधिकार है।" तेनाली राम ने कहा। "यह है आपके अभी-अभी पूछे गए प्रश्न का उत्तर।"

"क्या मतलब?" महाराज ने कहा, "क्यों उलझी हुई बातें कर रहे हो? जो कुछ कहना है, साफ-साफ कहो।"

"मेरे कहने का मतलब है कि जिस प्रकार कुम्हार घड़े को बनाता है, नाविक नौकाएँ चलाता है, धनुर्धारी शरसन्धान करता है, गायक गीत गाता है, वादक वाद्ययंत्र बजाता है, उसी प्रकार ज्ञानी व्यक्ति स्वयं पर शासन करता है। मैं ज्ञान-यात्रा का यात्री हूँ इसलिए स्वयं पर शासन करने का अभ्यास करता हूँ। उचित अवसर आने पर ही मैं आपके पूर्व प्रश्न का उत्तर दूँगा।"

जब तक ये बातें हो रही थीं तब तक धर्मशाला आ गया था। महाराज तेनाली राम के उत्तर से सन्तुष्ट नहीं थे और अपने प्रश्न की उपेक्षा के कारण कुपित भी हो उठे थे इसलिए विश्राम के लिए अपने कक्ष में चले गए।

जाड़े की रात थी। कड़ाके की ठंड पड़ रही थी। तेनाली राम ने मध्य रात्रि में महाराज के कमरे का द्वार खटखटाया। महाराज ने द्वार खोला तो दरवाजे पर तेनाली राम को देखकर साश्चर्य प्रश्न किया, "क्या हुआ तेनाली राम! इतनी रात गए तुमने द्वार क्यों खटखटाया?"

"महाराज, बड़ी कृपा होगी यदि आप वस्त्र बदल लें और इस समय नगर भ्रमण के लिए चलें। शाम को या दिन को जो नगर दिखता है वह नगर का एक रूप है। नगर का वास्तविक रूप तो रात को ही दिखता है।" तेनाली राम ने कहा।

महाराज मान गए और तैयार होकर तेनाली राम के साथ धर्मशाला से बाहर आ गए।

दोनों पैदल चलते हुए बाजार की ओर आ गए। शाम को इस बाजार में कितनी चहल-पहल थी! महाराज सोच रहे थे–कितना भव्य और सम्पन्न दिख रहा था बाजार! अभी किस तरह सन्नाटे में पड़ा है! मानो यहाँ कभी मनुष्य के पाँव ही न पड़े हों! दुकानों के आगे प्रकाश के स्थान पर अँधेरा था। वे दोनों चलते रहे। एक स्थान पर उन्होंने देखा, एक बेसहारा आदमी एक दुकान के पायों की ओट में ठिठुर कर लेटा हुआ है। ठंड से बचाव के लिए उसके पास कम्बल नहीं था। वे लोग धीमी चाल से उस व्यक्ति की ओर बढ़ने लगे। तभी उन्होंने देखा–विरोधी दिशा से एक व्यक्ति

कम्बल ओढ़े चला आ रहा था। उसकी भी दृष्टि उस व्यक्ति पर पड़ी और वह तुरन्त उसके पास गया और अपना कम्बल उतारकर धीरे से उसने उस व्यक्ति को ओढ़ा दिया और स्वयं बिना कम्बल के ही तेज कदमों से वहाँ से चला गया। उसने उस व्यक्ति पर कम्बल डालते समय इतनी सतर्कता निभाई कि उस व्यक्ति की नींद न टूटे। महाराज यह दृश्य देखकर चमत्कृत हो उठे।

तेनाली राम ने कहा, "महाराज! ऐसे ही लोगों के कारण धरती टिकी हुई है। असल दान तो यही है। बाकी दान के नाम पर जो कुछ भी होता है वह प्रशस्ति पाने का प्रयास है, उपक्रम है, व्यापार है...और कुछ भी नहीं।"

महाराज मन-ही-मन ग्लानि से भर उठे कि उनके मन में भी गरीबों को कुछ दान करके अपना जयघोष सुनने की इच्छा उत्पन्न हुई थी। उन्होंने तेनाली राम को गले लगाते हुए कहा, "तेनाली राम! तुमने मेरी आँखें खोल दीं!"

माँ की पहचान

तेनाली राम विलक्षण बुद्धि का था। वह विपरीत परिस्थितियों में भी अपना धैर्य बनाए रखता था। उसमें ऐसे अनेक गुण थे जो उसे आम विद्वानों से अलग करते थे। उसकी इन क्षमताओं के कारण ही महाराज कृष्णदेव राय उसे ऐसे उलझनपूर्ण कार्य भी सौंप दिया करते थे जिसका हल आम सभासदों के पास नहीं हुआ करता था।

एक बार महाराज एक नवजात शिशु को लेकर बहुत परेशान हो उठे। हुआ यह कि राजप्रासाद के निकट मन्दिर का पुजारी सुबह एक नवजात को अपनी गोद में उठाए महाराज के पास पहुँचा और बच्चे को महाराज को सौंपते हुए बताया, "महाराज! आज सुबह जब मैं मन्दिर की सफाई कर रहा था तब यह नवजात बालक मुझे मन्दिर की सीढ़ियों के पास पड़ा हुआ मिला। सम्भवतः रात भर यह बालक वहीं पड़ा हुआ था जिसके कारण ठंडी हवा के झोंकों ने बालक को अस्वस्थ कर दिया। मैंने सबसे पहले रुई के फाहे से इस बच्चे को दूध पिलाया फिर आँच के पास बैठकर इस बच्चे के शरीर को सेंका जिसके बाद बालक की स्थिति में सुधार आया। महाराज! मैं बाल ब्रह्मचारी हूँ और मन्दिर में ईश-वन्दना में लगा रहता हूँ। मुझे अपनी ही सुध नहीं रहती। ऐसे में मैं इस बालक का लालन-पालन कैसे करूँगा? आप इस राज्य के महाराज हैं। विजयनगर का हर प्राणी आप पर निर्भर है। यहाँ के प्रत्येक छोटे-बड़े, अमीर-गरीब, स्त्री-पुरुष और बालक-बालिका की सुरक्षा की जिम्मेदारी, राजा होने के नाते, आपकी है। ऐसा सोचकर मैं यह बालक आपके पास लेकर आया हूँ और इसे आपको सौंप रहा हूँ। आप इसके लालन-पालन की व्यवस्था करें। वैसे महाराज, मेरी सलाह है कि आप इस बालक की माता की तलाश

कराएँ और इसे उसको ही सौंपें क्योंकि एक माँ से अधिक अच्छी परवरिश किसी भी शिशु की कोई दूसरा नहीं कर सकता। यह बात मनुष्य ही नहीं अपितु समस्त जीवों के लिए मान्य है।''

महाराज उस पंडित की अकाट्य बातें सुनकर कुछ भी बोलने की स्थिति में नहीं थे इसलिए उन्होंने उस बच्चे को अपनी गोद में ले लिया।

पंडित बालक सौंपने के बाद महाराज से विदा लेकर मन्दिर चला आया।

बालक को अपनी गोद में लेकर महाराज कुछ देर तक असमंजस की स्थिति में रहे। उनके मन में बार-बार यह विचार उत्पन्न हो रहा था कि यदि इस शिशु को उसकी माँ की गोद मिल जाए तो इससे अच्छी और कोई बात नहीं होगी।

महाराज कृष्णदेव राय धुन के पक्के थे। उन्होंने मन में ठान लिया कि वे इस बच्चे को उसकी माँ की गोद में ही सौंपेंगे। लेकिन कैसे? यह सवाल उनके अन्तर्मन में बार-बार उमड़-घुमड़ रहा था। मन में उठ रहे सवालों के बवंडर से अप्रभावित महाराज बच्चे को गोद में लेकर महल चले आए और उस बच्चे को अपनी महारानी की गोद में डालते हुए कहा, ''महारानी, इस बच्चे की माँ की तलाश की जाएगी। जब तक इसकी माँ नहीं मिल जाती तब तक आप ही इसके लालन-पालन का कर्तव्य निबाहें।" इसके बाद उन्होंने महारानी को वह पूरा वृत्तान्त सुना दिया जो कि बच्चा मिलने के सम्बन्ध में मन्दिर का पुजारी उन्हें सुना गया था।

महारानी को बालक थमाकर महाराज राजभवन पहुँचे और प्रहरी को भेजकर अविलम्ब तेनाली राम को बुलावा भेजा।

तेनाली राम अचानक महाराज द्वारा बुलाए जाने से थोड़ा उद्वेलित हुआ और अविलम्ब उनसे मिलने के लिए राजभवन पहुँच गया।

राजभवन पहुँचकर तेनाली राम ने देखा, महाराज राजभवन में बेचैनी से टहल रहे हैं। तेनाली राम ने महाराज के सामने पहुँचकर औपचारिक अभिवादन किया लेकिन महाराज ने बिना औपचारिकता के तेनाली राम का हाथ थाम लिया और एक मित्र की तरह टहलते हुए राजभवन के पार्श्व में बने बगीचे में चले आए। तेनाली राम के आने के बाद महाराज थोड़े आश्वस्त अवश्य हुए कि अब उस बच्चे को उसकी माँ तक पहुँचाने की व्यवस्था हो जाएगी। उन्होंने बाग में टहलते हुए पुजारी द्वारा उस शिशु को

लाए जाने और शिशु को महारानी को सौंपे जाने तक की कहानी तेनाली राम को सुना दी।

तेनाली राम महाराज के मन के उद्वेलन को तो समझ ही रहा था, एक राजा होने के नाते उस बालक के प्रति उनके दायित्व को भी समझ रहा था।

अन्ततः महाराज ने कहा, "तेनाली राम! मैं चाहता हूँ कि इस बच्चे की माँ की खोज की जाए और ऐसी व्यवस्था की जाए कि वह महिला अपने बच्चे का लालन-पालन करे। मुझे लगता है कि किसी महिला ने अपनी गरीबी के कारण इस बच्चे को भगवान के मन्दिर में छोड़ा। भगवान के मन्दिर में आस्थावान, धार्मिक प्रवृत्तियों के लोग जाते हैं। बच्चे को मन्दिर में छोड़ते समय उस महिला के मन में यही विचार रहा होगा कि कोई धर्मात्मा इस बच्चे को अपना लेगा और इसका लालन-पालन करेगा। वह अपने बच्चे को निश्चित रूप से संस्कारवान बनाने की कामना रखती होगी इसलिए ही उसे मन्दिर के द्वार पर छोड़कर चली गई।" माहराज यह सब कहते हुए भावुक हो उठे और आगे कहा, "तेनाली राम! मेरा मन कहता है कि इस बच्चे को इसकी माँ अवश्य मिलेगी।"

तेनाली राम महाराज की मनःस्थिति समझ रहा था। उसने महाराज से कहा, "यदि आपका मन कहता है तो महारानी को उस बालक को पालने दीजिए और जब उसकी माँ आ जाए तब उसे वह बालक सौंप दीजिए।"

"तुम भी क्या बातें करते हो तेनाली राम! तब क्या बहुत विलम्ब न हो जाएगा? फिर महारानी की गोद में पलने के बाद यह बालक किसी अन्य महिला को माँ का सम्मान दे पाएगा? नहीं, ऐसा करना उचित नहीं होगा।" महाराज ने कहा।

तेनाली राम को महाराज की बातें ठीक लगीं और उसने महाराज की इच्छा जानने के लिए पूछा, "फिर उचित क्या होगा महाराज?"

"उचित यह होगा कि हम इस बच्चे की माँ को तलाश करें।" महाराज ने कहा।...थोड़ी देर चुप रहने के बाद महाराज ने फिर कहा, "और मैं चाहता हूँ कि उस बच्चे की माँ की खोज की जिम्मेदारी तुम स्वीकार करो।"

यह बात हालाँकि तेनाली राम पहले समझ चुका था लेकिन महाराज के मुँह से सुन लेने के बाद उसने कहा, "जैसी महाराज की आज्ञा।" थोड़ी

देर तक तेनाली राम चुपचाप महाराज के साथ टहलता रहा और फिर बोला, ''महाराज, यदि मैं इस बच्चे की माँ की खोज करूँगा तो यह भी चाहूँगा कि इससे सम्बन्धित व्यवस्था भी मैं ही करूँ।''

''हाँ! तुम्हें पूरी छूट है। जो चाहो करो।'' महाराज ने कहा।

"तो महाराज, मेरी पहली विनती है कि उस बालक को राजभवन में एक पालने पर रखवा दें और उसकी देखभाल वहाँ हो सके इसके लिए एक दासी वहाँ नियुक्त करवा दें। मैं जानता हूँ कि महारानी जी बच्चे की अच्छी देखभाल कर रही होंगी लेकिन बच्चे की माँ की खोज के लिए बच्चे को महल से राजभवन में लाया जाना आवश्यक है।'' तेनाली राम ने कहा।

महाराज ने तेनाली राम को आश्वस्त किया, ''ऐसी व्यवस्था करा दी जाएगी।"

पुनः तेनाली राम ने महाराज से कहा, ''महाराज! पूरे विजयनगर में यह मुनादी करा दी जाए कि कल रात नगर के एक मन्दिर में एक बालक मिला है। लालन-पालन के लिए उसे महाराज कृष्णदेव राय अपने साथ ले गए हैं। बच्चे को उन्होंने अपना आधा राज्य देने का मन बना लिया है। इसके सम्बन्ध में कोई भी वैधानिक घोषणा करने से पूर्व महाराज इस बच्चे की माँ से मिलना चाहते हैं ताकि वे उसकी मदद कर सकें। महाराज को विश्वास है कि किसी मजबूरी में ही किसी ने अपने जिगर के टुकड़े को स्वयं से अलग कर भगवान के द्वार पर छोड़ दिया होगा।''

महाराज ने इसकी भी स्वीकृति दे दी।

दोपहर का समय था। महाराज कृष्णदेव राय का दरबार लगा हुआ था। सभा की कार्रवाई चल रही थी। महाराज से एक सभासद विजयनगर के पूर्वी भाग में सिंचाई की व्यवस्था कराने का आग्रह कर रहा था क्योंकि बरसात के दिनों में विजयनगर के पूर्वी भाग में अपेक्षाकृत कम बारिश हुई थी जिससे किसानों में हताशा की स्थिति थी। वे आशंकित थे कि यदि सिंचाई की व्यवस्था समय रहते नहीं की गई तो खेत में लगी फसलें बरबाद हो जाएँगी और यदि ऐसा हुआ तो राज्य में खाद्यान्न संकट उत्पन्न हो जाएगा। अभी

यह बहस जारी थी तभी एक प्रहरी एक महिला के साथ सभा भवन में आया। तेनाली राम उन्हें देखते ही समझ गया कि अवश्य उसके कहने के अनुसार मुनादी करा दी गई है जिसके कारण यह महिला अपने बच्चे को लेने राजभवन में आई है।

तेनाली राम की आशा के अनुरूप ही महिला ने महाराज के समक्ष अपना प्रतिवेदन प्रस्तुत किया, "वह उस बच्चे की माँ है जो महाराज को मन्दिर में मिला है।"

बच्चा पालने में महाराज के पास ही रखा गया था। महाराज ने महिला से कहा, "आओ और आकर देख लो कि यही बच्चा तुम्हारा है?"

महिला महाराज के आसन के पास गई। पालने में सोए बच्चे को भली प्रकार देखा। उसे गोद में लेकर उसे अपने सीने से चिपटा लिया और बिलखती हुई बोली, "जी हाँ, महाराज! यह बच्चा मेरा है। केवल इसके शरीर पर जो वस्त्र हैं, वे मेरे नहीं हैं। बच्चे का बाप नशेड़ी है। हमेशा नशे में धुत्त रहता है। कमाता-धमाता नहीं है। मैं अपनी तंगहाली से आजिज आ गई तब इस बच्चे को मन्दिर में भगवान के भरोसे छोड़ आई। अभी मैंने सुना कि आप इस बच्चे को आधा राज्य देनेवाले हैं तब मैं भागी-भागी यहाँ आ गई। आप यह न सोचें महाराज कि मैं किसी लोभ में यहाँ आई। मुझे कुछ भी नहीं चाहिए। आप इस बच्चे की अच्छी परवरिश कराएँ, यही मेरे लिए बहुत है।" इतना कहकर उस महिला ने बच्चे को पालने में रख दिया और वहीं सुबक-सुबककर रोने लगी।

अभी उसका रुदन चल ही रहा था कि प्रहरी एक अन्य महिला को साथ लिए आया और वह महिला जो अभी-अभी महाराज के सामने प्रस्तुत हुई, दूसरी बिलखती हुई महिला पर ध्यान दिए बिना ही बोली, "महाराज, मुझ अबला पर दया कीजिए! मैं अपनी गरीबी से तंग आकर अपने जिगर के टुकड़े से अलग हुई।

वह अचानक पालने के पास पहुँची और बच्चे को गोद में उठाकर उसे अपने सीने से लगाकर बेतहाशा चूमने लगी। उसके हाव-भाव से भी यही प्रकट हो रहा था कि वही उस बच्चे की वास्तविक माँ है।

महाराज सहित सभी सभासद असमंजस की स्थित में थे कि आखिर इन दोनों महिलाओं में से बच्चे की असली माँ कौन है?

तभी तेनाली राम ने अपने आसन से उठकर महिलाओं से पूछा, "ठीक-ठीक बताओ, इस बच्चे की माँ कौन है?"

दोनों महिलाओं के मुँह से हठात् निकला, "मैं!"

तेनाली राम ने बिना उनकी ओर देखे जोर से कहा, "प्रहरी! बच्चे को तलवार से दो टुकड़े कर दो और इन दोनों महिलाओं को बच्चे का एक-एक टुकड़ा दे दो। झमेला ही खत्म! सुबह से इस बच्चे के कारण राजभवन का कामकाज प्रभावित हो रहा है।" तेनाली राम के स्वरों में खीज और क्रोध का मिला-जुला सम्मिश्रण था।

तेनाली राम का यह आदेश सुनते ही पहली महिला के मुँह से अचानक जोरों की चीख निकली, "नहीं!" और वह अपने स्थान से उठकर दो-तीन छलाँग में ही तेनाली राम के पास पहुँचकर उसके पाँवों से लिपटकर विलाप करने लगी, "कृपा कीजिए! ऐसा अनर्थ मत कीजिए! आप यह बच्चा उसी महिला को दे दीजिए! वही उसकी असली माँ है। मैं तो लोभी हूँ। बच्चे को आधा राज्य मिलने के लालच में यहाँ चली आई। मैं उसकी माँ नहीं हूँ, मुझे जो सजा देना चाहें, दे लें मगर बच्चे को कुछ न करें।"

इस महिला का यह आचरण देखकर तेनाली राम अपने निष्कर्ष पर पहुँच चुका था। उसने प्रहरियों को बुलाकर दूसरी महिला को गिरफ्तार कर लेने का निर्देश दिया और अपने पैरों से लिपटी महिला को स्नेहपूर्वक उठाया और कहा, "चुप हो जाओ माँ! तेरे लाल को कुछ नहीं होगा। उसका बाल भी बाँका न होगा। चुप हो जाओ!"

महिला खड़ी हुई और अपने आँसू पोंछे लेकिन उसकी हिचकियाँ बँधी हुई थीं और रह-रहकर सुबक उठती थी।

तेनाली राम ने गिरफ्तार की गई महिला से जाकर पूछताछ की। शीघ्र ही वह महिला टूट गई। उसने स्वीकार कर लिया कि वह बच्चे को आधा राज्य मिलने की घोषणा सुनकर लालच में आ गई और उसी लोभ में पड़कर उसकी माँ होने का दावा कर बैठी।

उस महिला की गरीबी और विवशताओं के बारे में जानकर तेनाली राम को उस पर दया आ गई और उसने उसे मुक्त करा दिया। इसके बाद तेनाली राम पहली महिला को साथ लेकर महाराज के पास गया और कहा, "महाराज! यही है इस बच्चे की असली माँ। जो अपने बच्चे को काटे जाने

की धमकी से उद्वेलित हो गई और इस बात से भी मुकर गई कि वह उसकी माँ है। इसमें इसका यही स्वार्थ था कि बच्चे को कुछ न हो। वह सुरक्षित रहे।"

महाराज ने महिला की वास्तविक स्थिति का अनुमान लगा लिया और बच्चे सहित उसकी परवरिश की व्यवस्था राज्य की ओर से करा दी।

लौह दंड के फूल

विजयनगर में अमन-चैन था। महाराज कृष्णदेव राय की लोकप्रियता आकाश छू रही थी। उन्हें प्रजापालक, न्यायप्रिय और धैर्यवान शासक माना जा रहा था। अपने राज्य में ही नहीं बल्कि पड़ोसी राज्यों में भी उन्हें कृपालु और उदार शासक कहा जाने लगा था। उनकी लोकप्रियता के पीछे तेनाली राम की बुद्धि की बड़ी भूमिका थी। तेनाली राम उनके कार्यों को कुछ ऐसा रूप दे देता था कि लोगों को महाराज की स्वार्थसिद्धि में भी उदारता और न्यायप्रियता की झलक मिलने लगती थी।

कुछ दिन पहले ही, जब महाराज अपने राज्य के विकास की रूपरेखा तय करने के लिए भ्रमण कर रहे थे तब तेनाली राम की बुद्धि के कारण उनके काफिले ने बिना कुछ दिए प्रजा से भोजन भी प्राप्त किया और गुणगान भी, मानो महाराज और उनका काफिला प्रजाजनों से भोजन प्राप्त कर उन पर उपकार कर रहे हों! राज्य भ्रमण के समय में महाराज जहाँ कहीं भी गए वहाँ प्रजाजनों ने उनका गर्मजोशी से स्वागत किया। यह सब तेनाली राम की कुशाग्र बुद्धि का ही परिणाम था।

लेकिन तेनाली राम ने राज्य भ्रमण के बाद से महाराज में कुछ विचित्र से परिवर्तन देखे। पहले तो उसे लगा कि यह उसका भ्रम है किन्तु महाराज की भंगिमाओं में हो रहे बदलावों पर अनायास ही उसकी दृष्टि पड़ती और उसे लगता कि महाराज में दर्प का समावेश हो रहा है। वे कुछ बोलते तो तेनाली राम को लगता कि यह महाराज नहीं, महाराज का अभिमान बोल रहा है। इसके बाद अपने स्वभाव के अनुरूप तेनाली राम महाराज की प्रत्येक चेष्टा और अभिव्यक्ति पर गौर करने लगा। बहुत सूक्ष्मता से अध्ययन करने पर महाराज के बारे में उसकी स्पष्ट धारणा बनी कि अभी

हाल के दिनों में महाराज जब राज्य भ्रमण के लिए निकले थे तो जगह-जगह उन्हें जो अतिशय सम्मान मिला इससे उनके गरिमा-बोध का विस्तार हो गया। अनायास सम्मान से मनुष्य में गर्व का भाव आता ही है। महाराज में यह गर्व बोध बढ़कर घमंड में परिणत हो गया है। तेनाली राम को चिन्ता हुई कि महाराज का घमंड यदि और बढ़ा तो राज्य में उनकी प्रजापालक वाली छवि को क्षति पहुँचेगी। मगर महाराज के बहुत निकट होते हुए भी उसके और महाराज के बीच मर्यादा की एक क्षीण-सी रेखा भी थी। वह उस रेखा का उल्लंघन करना नहीं चाहता था। इसलिए, महाराज को वह सीधे यह नहीं कह सकता था कि 'महाराज, आप घमंडी हो गए हैं। प्रजा के बीच लोकप्रिय बने रहने के लिए आपका मृदु व्यवहार आवश्यक है।'

स्वाभाविक रूप से तेनाली राम दिन-रात इसी उधेड़बुन में लगा रहता था कि कोई उपाय सूझे तो वह महाराज को उनके बदल रहे स्वभाव के प्रति सचेत कर दे।

एक दिन महाराज घोड़े पर सवार होकर राजभवन से बाहर निकले तथा एक पगडंडी पर सरपट घोड़ा दौड़ाते हुए आगे बढ़े। यह पगडंडी आगे तेनाली राम के आवास की ओर जाती थी। तेनाली राम उसी पगडंडी से राजभवन की ओर जा रहा था। महाराज को उस पगडंडी से आते देखकर तेनाली राम चौंक पड़ा। इतनी सुबह, महाराज राजमार्ग छोड़कर इस पगडंडी से भला कहाँ जा रहे हैं? यह प्रश्न अपने मस्तिष्क में लिये तेनाली राम पगडंडी के किनारे के खेत में खड़ा होकर महाराज की प्रतीक्षा करने लगा। उसके मन में शंका उठ रही थी कि पास में ही गरीबों की बस्ती है और इन गरीबों ने महाराज को कभी देखा होगा, यह आवश्यक नहीं है। इस बस्ती के लोग दिन भर दूर-दराज में परिश्रम करते हैं और रात गए अपने घर लौटते हैं तो नशे में होते हैं। सस्ती मदिरा और मांस इनकी कमजोरी है। इनकी दिनचर्या और रहन-सहन दोनों ही इस बात की सम्भावना पैदा नहीं होने देते कि ये महाराज को जानें। परिश्रम ही इनका महाराज है। ये अपने परिश्रम के द्वारा अपने दुखों से पार पाते हैं इसलिए इन्हें किसी की परवाह भी नहीं होती कि वह कोई फकीर है या राजा! अपने काम से मतलब रखनेवाले इन लोगों की बातों में अजीब-सी तल्खी है। ये बिना लाग-लपेट के बातें करते हैं। और करें भी क्यों नहीं? काम मिला तो किया। पैसा कमाया तो खाया, पीया और मौज

किया। काम नहीं मिला तो भूखे ही सो गए। न किसी से लिया, न दिया। ऐसी जीवन-शैली में औपचारिकताओं का स्थान ही कहाँ है? तेनाली राम अभी यह सोच ही रहा था कि एक महिला बस्ती की राह से एक बच्चे की उँगली थामे आई और उसी पगडंडी पर चलने लगी जिस पर महाराज घोड़ा दौड़ाते हुए आ रहे थे। महिला के निकट आने पर उन्होंने कर्कश स्वर में कहा, "अरे! हट्ट! रास्ता छोड़।" उनके मुँह से यह पंक्ति खत्म भी नहीं हो पाई थी कि महाराज का घोड़ा महिला और बच्चे के इतने निकट से गुजरा कि घोड़े के पार्श्व भाग से महिला को धक्का लगा और वह झटके से बच्चे समेत गिर पड़ी। महाराज ने पीछे घूमकर देखा और घोड़ा धीमा कर बोले, "तू बहरी है क्या? मैं चीखकर तुम्हें राह से हटने के लिए कह रहा था!...तू बहरी ही नहीं, अन्धी भी है...तुम्हें दिखा नहीं कि मैं आ रहा हूँ। बीच राह पर चलने में तुझे मजा आ रहा था?"

महाराज के तेवर देखकर तेनाली राम अपने स्थान से दौड़ा हुआ आया और उसने महिला को उठाया। महिला और उसके बच्चे, दोनों को चोट लगी थी। महिला की नाक से खून टपक रहा था और बच्चे का घुटना छिल गया था। उनकी स्थिति देखने के बाद भी महाराज न तो घोड़े से उतरे और न ही उस महिला को डाँटना बन्द किया। तेनाली राम को देखकर थोड़े संयत जरूर हुए और सामान्य स्वर में तेनाली राम से कहा, "तेनाली राम! यह महिला असभ्य है, इसे राह में चलना भी नहीं आता। बीच सड़क पर बच्चे का हाथ पकड़कर टहलती हुई जा रही थी...।"

तेनाली राम कुछ कहता इससे पहले महिला ने महाराज को टोका, "अरे काहे झूठ बोलता है...तू तो घोड़े को उस डाकू की तरह भगाता आ रहा था, जैसे उसके पीछे सिपाहियों का दल पड़ा हुआ हो!"

महाराज के लिए यह टिप्पणी असह्य थी। अपने पूरे जीवन में उन्होंने ऐसा संवाद नहीं सुना था। वे आग-बबूला हो उठे और चीखे, "तू अन्धी और बहरी दोनों है। तुझे घोड़े की टाप नहीं सुनाई दी? तुझे नहीं दिखा कि मैं आ रहा हूँ...?"

"अरे, तू क्या भगवान है? तुझसे तेज फूटती है कि उसकी चौंध से मैं जानती कि भगवान आ रहे हैं या कि मेरी पीठ में आँख है कि मैं देखती कि एक अन्धा घोड़े पर सवार भागा आ रहा है और मैं राह छोड़ देती?"

तेनाली राम ने बीच में हस्तक्षेप किया, "जाने दे माँ! अब जो होना था, हुआ।" और महाराज की ओर मुँह करते हुए तेनाली राम ने महाराज से कहा, "आप भी अपने गन्तव्य की ओर प्रस्थान करें महाराज! मैं जरा इस बच्चे को वैद्य जी से दिखलाकर, इन्हें घर पहुँचा आऊँ।" इसके बाद तेनाली राम ने बच्चे को गोद में ले लिया और बिना महाराज की ओर देखे उस महिला से कहा, "आओ माँ! जरा वैद्य जी के पास चलो।"

महिला महाराज को मन-ही-मन कोसती हुई तेनाली राम के साथ चलने लगी। महाराज तेनाली राम की ओर विस्मय से देखते रह गए। बिना किसी अभिवादन के तेनाली राम वहाँ से महिला और बच्चे के साथ चला गया।

उस दिन पगडंडी से गुजरकर महाराज राजमार्ग पर आए और राजमार्ग से ही राजभवन पहुँचे। उनका मन क्षोभ से भरा हुआ था। एक तो जीवन में ऐसी बातें उन्होंने कभी नहीं सुनी थीं जैसी बातें उन्हें एक महिला सुना गई थी जिसके शरीर पर ढंग के वस्त्र भी नहीं थे। दूसरी यह कि तेनाली राम जैसा सभासद जो वर्षों से उनकी सेवा में है, उस महिला का दुर्व्यवहार देखने के बाद भी उसी महिला के साथ जा खड़ा हुआ! उनके मन में क्रोध का ज्वार उठ रहा था...यह तेनाली राम जो मेरे कारण पूरे राज्य में सम्मानित है, दूसरे राज्यों में भी जिसकी विद्वत्ता की चर्चा होती है, वह भूल गया कि मैं उसका अन्नदाता हूँ। मेरे कारण ही उसे सम्मान अर्जित करने का अवसर मिला। मैंने उसे अपने राज्य का विदूषक नहीं बनाया होता तो...तो...तो वह कहीं भाड़ झोंक रहा होता और वह महिला...चांडालिन! मैं उसकी धृष्टता का ऐसा दंड दूँगा कि उसे तो क्या, उसके खानदान के किसी भी सदस्य को कहीं पनाह नहीं मिलेगी। महाराज का आक्रोश बढ़ता ही जा रहा था।

सच भी है कि जब सत्तामद चढ़ता है तब मनुष्य उचित-अनुचित का ध्यान नहीं रख पाता। उसका स्वत्व महत्त्वपूर्ण हो जाता है और सर्वोपरि हो जाती है उसकी इच्छा।

मानव-मन की गति तेनाली राम अच्छी तरह समझता था इसलिए महाराज कृष्णदेव राय में आए परिवर्तनों को भी वह जान-समझ रहा था। उसे बस इतनी चिन्ता सता रही थी कि महाराज की भूलों का अहसास वह

उन्हें कैसे कराए। आज जब वह उस महिला को सहारा देने के लिए उद्यत हुआ उस समय भी उसकी इच्छा महाराज को अपनी भूलों के प्रति सचेत करना था। मगर ऐसा नहीं हुआ। महाराज तेजी से घोड़ा दौड़ाते हुए वहाँ से चले गए। तेनाली राम ने समझ लिया कि महाराज वहाँ से आवेश में गए हैं और उसे मालूम था कि महाराज का आवेश जल्दी जाता नहीं है।

तेनाली राम ने उस महिला और बच्चे को वैद्य से दिखलाकर उन्हें विदा किया और राजभवन जाने की बजाय अपने घर लौट आया। बहुत देर तक चिन्तन-मनन करने के बाद वह एक निष्कर्ष पर पहुँचा और अपने निष्कर्ष के अनुरूप कुछ करने के लिए सक्रिय हुआ। उसने एक योजना का प्रारूप भोजपत्र पर तैयार किया। प्रारूप तैयार हो जाने के बाद उसने उसे फिर से देखा, मनन किया। इसके बाद उसने कपड़े बदले। घोड़ा निकाला और विजयनगर से बाहर निकलकर सुन्दर घाटी पहुँचा।

सुन्दर घाटी एक ऐसा राज्य था जहाँ के कलाकारों को दूर-दूर तक प्रसिद्धि प्राप्त थी। तेनाली राम ने वहाँ एक प्रसिद्ध नाट्य संस्था के संचालक से भेंट की तथा उसे अपनी योजना समझाई फिर उसे कुछ मुद्राएँ भेंट करते हुए कहा कि कार्यक्रम के बाद आपके सभी कलाकारों को मेरी ओर से विशेष पुरस्कार भी मिलेगा और यह पुरस्कार यादगार भी होगा और पारिश्रमिक भी।

दो दिनों के बाद ही विजयनगर में नववर्ष महोत्सव होना था। महाराज ने हर वर्ष की तरह इस वर्ष भी स्वयं अपनी देखरेख में सारी तैयारियाँ करवाई थीं। उन्हें कई स्थलों पर तेनाली राम की आवश्यकता महसूस हुई। तेनाली राम उस दिन से ही लापता था जिस दिन महाराज के घोड़े की चपेट में आकर एक महिला और उसका बच्चा चोटिल हो गया था। पहले तो महाराज को तेनाली राम के इस तरह गायब होने से बहुत क्रोध आया लेकिन जब उसके गायब हुए दो दिन हो गए तब उन्हें भी अपनी भूलों का अहसास होने लगा। उन्होंने मन-ही-मन स्वीकार किया कि उस दिन उनका आचरण न तो भद्रजन जैसा था और न ही शासकोचित। उस महिला के साथ उन्होंने जो व्यवहार किया, वह अहंकारजनित आचरण ही कहा

जाएगा। ऐसा विचार कर महाराज ने तेनाली राम को बुलाने के लिए सेवक को भेजा।

सेवक ने लौटकर सूचना दी कि तेनाली राम दो दिन पहले घोड़े से कहीं गए हैं तथा अभी तक नहीं लौटे हैं। उनके घर में उनके इस तरह बिना किसी सूचना के कहीं चले जाने को लेकर परिजन चिन्तित हैं।

यह सूचना मिलने पर महाराज और चिन्तित हो गए।

उसी दिन महाराज के पास दो कलाकार आए। उन्होंने महाराज से बताया कि वे सुन्दर घाटी से आए हैं। हरियाली से भरे अपने राज्य के कलाकारों का एक कार्यक्रम विजयनगर के नववर्ष महोत्सव के खुले मंच पर करना चाहते हैं। महाराज को उन कलाकारों ने बताया कि उनका कार्यक्रम पीड़ित मानवता की सेवा का सन्देश देगा।

महाराज ने उन्हें स्वीकृति प्रदान कर दी क्योंकि यह खुला मंच था ही राज्य के बाहर से आए अपने-अपने क्षेत्र के महान कलाकारों के लिए या ऐसे कलाकारों के लिए जो अपनी कला के माध्यम से समाज को कोई सन्देश देने का संकल्प लेते हों।

अन्ततः विजयनगर का नववर्ष महोत्सव प्रारम्भ हो गया। ऐसा सम्भवतः वर्षों बाद हुआ जब महोत्सव में तेनाली राम शामिल नहीं हुआ। ऐसे सभासद, जो तेनाली राम की विद्वत्ता से ईर्ष्या करते थे, वे भी उसकी अनुपस्थिति का कारण जानने को उत्सुक थे तथा जो उसके प्रशंसक थे, वे भी। महाराज की विवशता थी कि वे तेनाली राम के सन्दर्भ में कुछ कर नहीं सकते थे...बस, उन्होंने अपने खुफिया तंत्र को उसके बारे में पता करने का निर्देश दे दिया था।

महोत्सव स्थल पर खुला मंच का कार्यक्रम प्रारम्भ हुआ। जब सुन्दर घाटी के कलाकारों का कार्यक्रम आरम्भ हुआ तब उसके संचालक ने एक पंक्ति की घोषणा की, 'किसी को पतित या कमजोर समझकर उसकी उपेक्षा मत करो क्योंकि ये वैसे लोग हैं जो अभी उठे नहीं हैं।'

रंगमंच से पर्दा हटने पर सबके सामने हरियालियों से सजा एक दृश्य आया। 'सुन्दर घाटी का यह सौन्दर्य इसकी हरियाली और सुन्दर फूल-

पत्तियों के कारण है।' दृश्य के साथ यह पार्श्व ध्वनि सुनाई पड़ी। पार्श्व ध्वनि में आगे सुना गया, 'सुन्दर घाटी में बसनेवाले कलाकार सम्पूर्ण धरा को हरियाली से आच्छादित करना चाहते हैं...उनकी चाहत की पवित्रता का परिणाम ही है कि वहाँ लौह दंड के सहारे तपस्या करनेवाले ऋषि को अपनी तपस्या की पूर्णता का भान तब होता है जब उसके तप के प्रभाव से उसके लौह दंड पर भी फूल-पत्ते उग आते हैं। सुन्दर घाटी के कलाकारों का हृदय इतना कोमल और निष्पाप है कि उसके प्रभाव से वहाँ पवित्रता का ढोंग निष्प्रभावी हो जाता है।'

पार्श्व ध्वनि के साथ ही मंच पर एक ऋषि को लौह दंड के सहारे तपस्या करते दिखाया गया और ध्वनि प्रभाव से यह दर्शाया गया कि बहुत वर्ष गुजर गए और ऋषि के लौह दंड में पुष्प खिल गए, हरी-भरी पत्तियाँ आ गईं। तभी वहाँ एक राजा हाथ में लौह दंड लिये आया और संकल्प लिया–'जिस तरह ये महर्षि कठोर तप करके अपना जीवन सार्थक कर रहे हैं, उसी तरह मैं भी कठोर तप करके अपना जीवन सार्थक करूँगा।' और वह राजा उसी महर्षि के पास लौह दंड गाड़कर तपस्या करने लगा। इसके बाद मंच पर तूफान और घनघोर वर्षा का दृश्य पैदा हुआ। राजा और ऋषि इस प्राकृतिक आपदा से बेखबर, तपस्या में लीन रहे। उसके बाद मंच पर अचानक एक दीन-हीन व्यक्ति काँपता हुआ आया। वह वर्षा से भीगा हुआ, कमजोर और बीमार था। वह ऋषि के पास जाकर गिड़गिड़ाया कि वे उसे कहीं सिर छुपाने की जगह बता दें। ऋषि अपनी तपस्या में लीन रहा और जब वह व्यक्ति ऋषि को झकझोरकर उससे सिर छुपाने की जगह बताने के लिए गिड़गिड़ाया तो महर्षि ने उसे धक्का देकर परे ठेल दिया और फिर अपनी तपस्या में लीन हो गया। फिर वह व्यक्ति तपस्या में लीन राजा के पास गया और राजा के पास जाकर गिड़गिड़ाया। राजा ने अपनी आँखें खोल दीं और उस व्यक्ति की दीन-हीन दशा देखकर तपस्या से उठ खड़ा हुआ। राजा ने उस व्यक्ति को गोद में उठाया और बारिश में भीगते हुए उसे पास की एक कुटिया में ले गया। वहाँ उसने कुछ औषधीय पौधों के पत्ते तोड़े और उसका अर्क निकालकर उस व्यक्ति को पिलाया जिससे वह व्यक्ति स्वस्थ हो गया। इसके बाद राजा अपने तप स्थल पर आया और पद्मासन की मुद्रा में आ गया। दर्शकों ने यह देखकर तालियाँ बजाईं कि

राजा के लौह दंड में हरे पत्ते और गुलाबी फूल खिलने लगे तथा ऋषि के लौह दंड के फूल-पत्ते मुरझा गए। फिर पार्श्व ध्वनि गूँजी, 'राजा प्रजा-पालक होता है। जो राजा अपनी गरीब प्रजा की सहायता को तत्पर रहता है, उसे उसका पुण्य तपस्या के फल के समान ही मिलता है।''

सन्देशों से भरी इस छोटी-सी नाटिका को महाराज कृष्णदेव राय ने भी देखा तथा उसमें निहित सन्देश से प्रभावित हुए। उन्होंने उस मंच के अन्य कार्यक्रमों को भी देखा लेकिन सुन्दर घाटी के कलाकारों के दल के द्वारा प्रस्तुत कार्यक्रम को भूल नहीं पाए।

निर्णायक-मंडल ने जब सुन्दर घाटी के कार्यक्रम में निहित सन्देश को श्रेष्ठ माना और सुन्दर घाटी के दल को विजेता घोषित किया तब महाराज ने भी तालियाँ बजाईं।

पुरस्कार वितरण के दौरान महाराज ने जो संक्षिप्त वक्तव्य दिया उसमें उन्होंने तेनाली राम को याद करते हुए कहा "सुन्दर घाटी के कलाकारों की तरह ही तेनाली राम पीड़ित मानवता की सेवा करने की आवश्यकता समझते रहे।" फिर महाराज ने कहा, "तेनाली राम हमारे दरबार के विदूषक ही नहीं, मेरे अनन्य मित्र हैं। आज वे यहाँ होते तो इस लघु नाटिका को देखकर उन्हें प्रसन्नता होती...मगर मेरी ही एक भूल...।"

महाराज की पंक्ति पूरी नहीं हो पाई थी कि कलाकारों के दल के बीच से एक व्यक्ति, ऋषि की दाढ़ी अपने चेहरे से उतारता हुआ रंगमंच पर पहुँच गया, ''बस, महाराज, आगे की पंक्ति मुझे कहने दें!'' कहता वह व्यक्ति जब महाराज के पास पहुँच गया तब महाराज के मुँह से हर्ष ध्वनि निकली, "तेनाली राम! कहाँ चले गए थे?" उन्होंने तेनाली राम को अपनी भुजाओं में ले लिया।

...और तेनाली राम ने पंक्ति पूरी की, "हाँ, एक भूल ने मुझमें छुपे कलाकार को मंच पर आने का अवसर दिया।"

महाराज ने गद्‌गद होकर अपने गले से मोतियों की माला उतारी और तेनाली राम के गले में डाल दी।

इसके बाद विजयनगर के महाराज कृष्णदेव राय अपनी प्रजा के प्रति और उदार हो गए। गरीबों के उत्थान के लिए उनके राज्य में कई कार्यक्रम आरम्भ हुए जिससे विजयनगर का यशोगान दूसरे राज्यों तक भी पहुँचा।

तेनाली राम का न्याय

महाराज कृष्णदेव राय अपने सभासदों के साथ अपने राजदरबार में बैठे थे। किसी विषय पर बहस चल रही थी। महाराज गौर से सभासदों के विचार सुन रहे थे। इसी बीच एक गरीब व्यक्ति फरियादी के रूप में दरबार में उपस्थित हुआ और महाराज के समक्ष हाथ जोड़कर खड़ा हो गया।

महाराज ने उसकी तरफ देखा तो वह सिसकते हुए बोला, "महाराज! फरियादी हूँ। आपके पास अपनी फरियाद लेकर आया हूँ।"

महाराज ने उससे कहा, "बोलो! तुम्हारी क्या फरियाद है और तुम क्या चाहते हो?"

"महाराज! मैं गड़रिया हूँ। भेड़-बकरियाँ पालना मेरा पुश्तैनी धन्धा है। मेरे परिवार का भरण-पोषण इन्हीं भेड़-बकरियों से होता है। मेरे पड़ोस में एक व्यक्ति पक्के मकान में रहता है। वह साधन-सम्पन्न होते हुए भी मुझसे ईर्ष्या रखता है। इसी ईर्ष्या के कारण उसने मेरी झोंपड़ी से सटाकर अपनी जमीन में ऊँची दीवार खड़ी करवा ली कि मेरी बकरियाँ उसके अहाते में चरने न जा सकें। कल तेज बारिश में उसकी वह दीवार ढह गई और दीवार के मलवे में दबकर मेरी दस बकरियाँ मर गईं। मुझ गरीब को इससे बहुत हानि हुई है जिसकी भरपाई होनी चाहिए, नहीं तो मेरा परिवार चलाना कठिन हो जाएगा।"

महाराज कुछ बोलते, उससे पहले ही तेनाली राम ने कहा, "इस घटना में तो नुकसान की भरपाई उसे करनी चाहिए जिसकी दीवार गिरी है।"

"जी हाँ, महाराज! मुझे न्याय मिल जाए। इसी आशा में मैं हाथ जोड़े खड़ा हूँ।" फरियादी ने कहा।

महाराज ने तेनाली राम से कहा, "तेनाली राम! इस फरियादी की व्यथा-कथा सुनकर तुम जो भी उचित हो, करो।"

"जैसी आज्ञा महाराज!" तेनाली राम ने कहा और प्रहरी को भेजकर उसने फरियादी के पड़ोसी को दरबार में बुलवा लिया।

तेनाली राम ने फरियादी के पड़ोसी से कहा, ''तुम्हारे मकान की दीवार ढहने से इस व्यक्ति की दस बकरियाँ मर गईं। इसको हुई इस अप्रत्याशित क्षति की भरपाई तो तुम्हें करनी होगी।"

उस व्यक्ति ने तेनाली राम के आगे अपने हाथ जोड़ लिये और कहा, "आपका आदेश सिर आँखों पर, लेकिन श्रीमान, आप इतना तो विचार करें कि दीवार मैंने बनाई नहीं, बनवाई है! दीवार गिरने से मुझे भी तो क्षति हुई है। मेरी क्षतिपूर्ति कौन करेगा? दीवार गिरने का कारण तो अपर्याप्त गारे से ईंटों का जोड़ा जाना ही होगा। इसलिए दीवार गिरने के लिए मैं नहीं, उसे बनानेवाला दोषी है।"

तेनाली राम ने उस व्यक्ति से कहा, ''तुम ठीक कहते हो। दीवार गिरने से तुम्हें भी क्षति हुई है और इसके लिए भी वह कारीगर जिम्मेदार है जिसने दीवार बनाई है।'' तेनाली राम ने आदेश दिया कि दरबार में कारीगर को बुलाया जाए।

थोड़ी ही देर में दो सिपाही कारीगर को भी दरबार में पकड़कर ले आए।

तेनाली राम ने उस कारीगर को दीवार गिरने की घटना बताई और कहा, "दीवार गिरने से हुई क्षति की भरपाई उसे ही करनी होगी।"

तब कारीगर ने कहा, "दीवार गिरने की घटना के लिए वह जिम्मेदार नहीं है। असल में गारा बनाते समय भिश्ती ने जिस मशक से पानी डाला, उस मशक की माप सही नहीं थी जिसके कारण अधिक पानी पड़ने से गारा गीला हो गया और दीवार कमजोर बनी।"

दरबार में फिर भिश्ती को भी बुलाया गया। भिश्ती पर जब दीवार गिरने का दोष मढ़ा गया तब भिश्ती रो पड़ा। उसने रोते-रोते कहा, ''महाराज! मुझ पर अन्याय न हो! मशक तो मैंने बनाई नहीं। जो मशक मैंने माँगी, इसे बनाने और बेचनेवाले ने मुझे यह मशक देकर झूठ बोला कि जिस माप की मशक मैंने माँगी थी उसने उसी माप की मशक मुझे बेची है और मुझे यह मशक इसी व्यक्ति ने बेची थी जिसकी बकरियाँ दीवार ढहने से मरी हैं।"

तेनाली राम ने फरियादी की ओर देखा। फरियादी हाथ जोड़े बोला, "जी हाँ। मशक मैंने ही बेची थी। मुझे क्षमा कर दें।"

तेनाली राम ने उससे कहा, "भविष्य में झूठ बोलकर सामान मत बेचना। जाओ, घर जाओ।"

फरियादी अपना-सा मुँह लेकर अपने घर लौट आया।

कारगर तरकीब

तेनाली राम अपनी मेधा के बूते विजयनगर के दरबार का सबसे लोकप्रिय सभासद बन चुका था। एक साधारण विदूषक ने इतनी तरक्की कर ली थी कि उसके सहकर्मी सभासद उससे ईर्ष्या करने लगे थे। तेनाली राम को किसी चीज का अभाव नहीं था। प्रायः दरबार में महाराज उसकी बातों से प्रसन्न होकर उसे कुछ-न-कुछ देते रहते थे। सहकर्मियों की ईर्ष्या का यही कारण था।

एक दिन दरबार में इस बात की चर्चा आरम्भ हो गई कि कोई किसी को कितनी बार मूर्ख बना सकता है—एक बार, दो बार या बार-बार?

अधिकांश सभासदों की राय थी कि कोई भी व्यक्ति किसी को एक बार तो मूर्ख बना सकता है, बार-बार नहीं। इस चर्चा में सभी सभासद बढ़-चढ़कर भाग ले रहे थे मगर तेनाली राम इस चर्चा के प्रति उदासीन था और चुपचाप अपने आसन पर बैठा हुआ था। महाराज कृष्णदेव राय स्वयं इस चर्चा में रुचि ले रहे थे। अचानक उनका ध्यान इस बात की ओर गया कि तेनाली राम इस चर्चा में भाग नहीं ले रहा है तथा उदासीन भाव से अपने आसन पर इस तरह बैठा हुआ है मानो इस चर्चा का कोई अर्थ ही न हो!

सारा दरबार एकमत हो गया कि कोई भी व्यक्ति किसी को एक बार ही मूर्ख बना सकता है। स्वयं महाराज ने यह बात निष्कर्ष के रूप में कही। मगर तेनाली राम तब भी शान्त रहा। शेष सभासद महाराज की हाँ में हाँ मिलाते रहे। जब महाराज ने देखा कि इस चर्चा के निष्कर्ष तक पहुँचने के बाद भी तेनाली राम शान्त है तब उन्होंने पूछा, “क्या बात है तेनाली राम! तुम चुप क्यों हो? क्या तुम नहीं मानते कि कोई भी किसी को एक बार ही मूर्ख बना सकता है?”

तेनाली राम कुछ बोलता, उससे पहले ही सारे सभासद हँस पड़े और उनमें से एक ने कटाक्ष किया, "महाराज, तेनाली राम विद्वान हैं और वे हम सबको एक बार में मूर्ख बना सकते हैं, ऐसे में वे हमारी बात से सहमत क्यों होंगे?"

महाराज हँसते हुए पूछ बैठे, "क्या सचमुच ऐसा है तेनाली राम? तुम एक बार में हम सबको मूर्ख बना सकते हो?"

तेनाली राम ने विनम्रतापूर्वक कहा, "महाराज! मैं ऐसा कोई दावा कैसे कर सकता हूँ? आप अन्नदाता हैं। आप स्वामी हैं और मैं सेवक हूँ। हाँ, इतना अवश्य है कि अभी जो कुछ कहा गया है, उससे मैं सहमत नहीं हूँ।"

तभी एक सभासद ने कहा, "महाराज, दरबार के निष्कर्ष को नहीं मानने का अर्थ यही है कि तेनाली राम मानते हैं कि एक आदमी एक ही साथ हम सबको मूर्ख बना सकता है।"

तेनाली राम को अब गुस्सा आने लगा था। उसने महसूस किया कि दरबार के सभी सभासद आज उसे निशाना बनाकर घेर रहे हैं और उसने जो नहीं कहा है, वही स्वीकार करवाना चाहते हैं। वह असल में इस तरह की व्यर्थ की चर्चा में पड़ना नहीं चाहता था जिसके कारण मौन था।

महाराज उसकी चुप्पी तोड़ना चाहते थे इसलिए उन्होंने तेनाली राम से सीधा सवाल किया, "तो तेनाली राम! तुम यह मानते हो कि एक आदमी एक बार में पूरी सभा को मूर्ख बना सकता है।"

अब तक तेनाली राम मन-ही-मन कुछ विचार कर चुका था। उसने आसन से उठकर कहा, "अपराध क्षमा हो महाराज! ऐसा हो सकता है।"

"ठीक है!" महाराज ने कहा, "हमें प्रतीक्षा रहेगी। पर स्मरण रखना कि ऐसे प्रयास के समय तुम अकेले पड़ जाओगे और मेरे साथ सारे सभासद होंगे! सोचो, तब भी क्या तुम हम सबको एक साथ मूर्ख बना दोगे?"

"जी हाँ महाराज!" विनम्रता से तेनाली राम ने कहा।

सारे सभासद तेनाली राम के इस उत्तर से सन्न रह गए। उन्हें तेनाली राम के इस उत्तर का अनुमान ही नहीं था। उन्हें लगा कि तेनाली राम अपनी औकात भूल गया है। महाराज उसके इस उत्तर से अवश्य नाराज होंगे। तेनाली राम की अब खैर नहीं।

दूसरी तरफ महाराज सोच रहे थे कि तेनाली राम में विशेष योग्यताएँ हैं। वह याद कर रहा है कि महाराज सहित सारे सभासदों को एक बार में ही मूर्ख बनाया जा सकता है तो उसके इस साहसपूर्ण उत्तर का आधार अवश्य होगा। तेनाली राम जैसा व्यक्ति कभी यूँ ही अपना मान रखने के लिए कुछ नहीं बोलता। यह देखना रोचक होगा कि किस प्रकार वह एक साथ सभी सभासदों को मूर्ख बनाता है।

उस दिन बात आई-गई हो गई। दूसरे दिन से महाराज के दरबार में सामान्य दिनों की तरह ही काम-काज होने लगा। सभासद और महाराज तेनाली राम की बात को भूल गए।

एक दिन तेनाली राम अपनी खाट झाड़ रहा था। घर में सफाई हो रही थी। खाट झाड़ने पर खाट से कुछ खटमल गिरे। खटमलों को देखकर तेनाली राम के मस्तिष्क में एक विचार कौंध गया और उसने उनमें से मोटे-मोटे खटमलों को एकत्रित कर एक छोटी डिबिया में बन्द कर लिया।

रसोई से वह एक छोटी खरल, मूसली और एक छोटी चिमटी उठा लाया। इन सारी चीजों को उसने एक थैली में रख लिया। उसके होंठों पर एक विचित्र मुस्कान तैर रही थी और आँखों में एक विशेष चमक थी।

दूसरे दिन तेनाली राम अपने नियत समय से पहले बिस्तर से उठ गया और शीघ्रता से स्नान-ध्यान करके राजदरबार की ओर चल पड़ा। जिस समय वह राजदरबार पहुँचा, उस समय वहाँ कोई नहीं आया था। उसने थैली से डिबिया निकाली और उसका ढक्कन खोलकर उसमें रखे खटमल महाराज के आसन पर उलट दिए। फिर उसने डिबिया देखी। सारे खटमल महाराज के सिंहासन पर उड़ेले जा चुके थे और डिबिया खाली थी। इसके बाद तेनाली राम अपने आसन पर जा बैठा।

धीरे-धीरे सभासद आने लगे। दरबार भरने लगा। थोड़ी देर बाद दरबार के सारे आसन भर गए। महाराज भी आए और सभा की कार्रवाई शुरू हो गई।

सभा की कार्रवाई अभी थोड़ी देर ही चली थी कि महाराज को एक खटमल ने काट लिया। महाराज ने पहलू बदला। थोड़ी राहत महसूस की

कि फिर खटमल ने उन्हें काट लिया। थोड़ी ही देर में महाराज बेचैन हो उठे। खटमलों के काटने से वे परेशान थे। उन्होंने चीखकर क्रोध-भरे स्वर में पूछा, "मेरे आसन पर खटमल कहाँ से आ गए?"

एक सभासद ने कहा, "महाराज! खटमल तो कहीं से भी आ जाते हैं और आ गए तो जिस खाट-खटिया में पनाह लेते हैं, उसे छोड़ते भी नहीं। मानव रक्त ही इनका आहार होता है इसलिए ये ऐसी ही जगह पर बसेरा बनाते हैं जहाँ मनुष्य बैठता है या सोता है।"

"आपमें से कोई इन खटमलों से बचने का उपाय जानता हो तो कुछ करे।"

सभासद मौन हो गए। थोड़ी देर तक आपस में धीमे-धीमे बातें करने के बाद एक सभासद ने कहा, "सिंहासन पर गरम पानी उड़ेलने से थोड़ी राहत मिल सकती है।"

महाराज खटमलों के काटने से परेशान हो उठे थे जिसके कारण उन्होंने आवेश में कहा, "राहत नहीं, छुटकारा चाहिए। स्थायी निदान बताएँ।"

सभासदों को मानो साँप सूँघ गया। अब कहीं से फुसफुसाहट भी नहीं उभर रही थी।

सबको मौन देखकर तेनाली राम अपने आसन से उठा, "महाराज! मेरे पास इस समस्या से मुक्ति का एक रामबाण निदान है जिसे आजमाया जाए तो खटमलों से मुक्ति मिल जाएगी। एक लगनशील व्यक्ति मेरे इस रामबाण निदान से करोड़ों खटमलों को मार सकता है।"

सभासद तेनाली राम की बात सुनकर चौंक पड़े।

महाराज ने तेनाली राम की ओर अविश्वास से देखा और पूछा, "क्या ऐसा हो सकता है तेनाली राम?"

"जी हाँ, महाराज! मेरे इस रामबाण तरक़ीब को आजमाकर देखें। मेरी बात गलत साबित हो जाए तो मैं एक सहस्र स्वर्णमुद्राएँ दंड के रूप में राजकोष में जमा कराने का वचन देता हूँ।"

महाराज ने कहा, "ठीक है तेनाली राम! तुम अपनी तरकीब आजमाकर दिखा दो!"

"लेकिन महाराज! यदि मेरी तरकीब ठीक निकली तब मुझे क्या मिलेगा?" तेनाली राम ने पूछा।

महाराज ने तेनाली राम की ओर देखते हुए कहा, "मैं और इस दरबार के सारे सभासद मिलकर तुम्हें एक सहस्र स्वर्णमुद्राएँ देंगे।"

अब तेनाली राम महाराज के आसन के पास गया और आसन को थोड़ा उठाकर झटके से छोड़ा। एक-दो खटमल झटके के कारण आसन से गिरे।

तेनाली राम ने अपनी थैली से चिमटी निकाली और एक खटमल को पकड़कर खरल में डाला और मूसली से उसे कुचल दिया। फिर कहा, "महाराज! यही है वह रामबाण तरकीब।" आप चाहें तो इस तरह पकड़कर करोड़ों खटमलों को मारकर उनसे छुटकारा पा सकते हैं।"

"अरे, यह तो ठगी है!" महाराज ने चकित होकर कहा।

तेनाली राम ने विनम्रतापूर्वक कहा, "महाराज! मैंने इस भरी सभा में जो बात कही, उसका अक्षरशः प्रयोग किया और जिस रामबाण विधि का प्रदर्शन किया उसे कोई गलत साबित नहीं कर सकता। इसलिए मैं शर्त जीत चुका हूँ। आगे आपकी इच्छा!"

महाराज ने स्वीकार कर लिया कि तेनाली राम शर्त जीत चुका है तथा उसे तत्काल राजकोष से एक सहस्र स्वर्णमुद्राएँ देने का निर्देश देते हुए उन्होंने राज्य कोषागार के प्रधान से कहा, "सभासदों के मासिक वेतन से इसकी आधी राशि प्राप्त कर ली जाए। सभी सभासदों के वेतन से समान राशि काटी जाए, क्यों?" उन्होंने सभासदों की ओर, उनकी सहमति जानने के लिए प्रश्न किया।

सभी सभासदों ने कहा, "ठीक है महाराज! हमें स्वीकार है।"

इसके बाद पुनः अपने आसन से तेनाली राम उठा और ऊँचे स्वर में कहा, "महाराज! धृष्टता क्षमा करें। कुछ दिन पूर्व इसी सभा में मुझसे प्रमाणित करने के लिए कहा गया था कि एक आदमी महाराज सहित पूरी सभा को मूर्ख बना सकता है। इसी शर्त को आज मैंने साबित किया है। मुझे इन एक सहस्र स्वर्णमुद्राओं की कोई आवश्यकता नहीं है। कृपया अपना निर्देश वापस ले लें।"

फिर वह महाराज के आसन के पास गया और महाराज से थोड़ी देर के लिए आसन छोड़ने का अनुरोध किया।

महाराज समझ गए कि तेनाली राम आसन से खटमलों का सफाया करने के लिए उपस्थित हुआ है।

तेनाली राम जानता था कि खटमल थोड़ी देर पहले ही आसन पर रखे गए हैं इसलिए अभी वे अपने छुपने का स्थान नहीं बना पाए होंगे। उसने आसन पटक-पटककर खटमलों को उससे निकाला और उन्हें कुचलकर मार डाला।

महाराज ने भरी सभा में तेनाली राम की मानसिक क्षमता की सराहना की, और वह एक बार फिर सभासदों पर भारी पड़ा।

पंडित का आशीष

महाराज कृष्णदेव राय धर्म में आस्था रखते थे और समय-समय पर तीर्थस्थलों का भ्रमण कर वहाँ के देवालयों में पूजा-अर्चना करते थे।

एक बार महाराज द्रविड़ राज्य के तीर्थस्थलों का भ्रमण करने गए। वहाँ एक देवालय में उन्हें एक तेजस्वी पुजारी के दर्शन हुए। वह पुजारी प्रकांड पंडित थे। समस्त शास्त्रों के ज्ञाता। महाराज उनसे बात कर बहुत सन्तुष्ट हुए। उनके मन के अनेक संशयों का निवारण भी इस बातचीत में हो गया। महाराज पुजारी के पास से संशय मुक्त होकर उठे और बहुत विनम्र भाव से पुजारी को कभी विजयनगर आने का न्योता दिया।

पुजारी राजा कृष्णदेव राय के व्यवहार से बहुत प्रसन्न हुए और महाराज को आश्वस्त किया कि जब कभी भी उचित अवसर आएगा, वह विजयनगर अवश्य आएँगे।

इस घटना के कुछ वर्ष बाद एक दिन महाराज अपने दरबार में बैठे थे। सभा की कार्रवाई चल रही थी। तभी महाराज के सामने द्वारपाल उपस्थित हुआ और बोला, "महाराज! द्रविड़ राज्य से एक त्रिपुंड्रधारी ब्राह्मण आया हुआ है और आपसे मिलने की अनुमति चाहता है।"

महाराज को अपनी द्रविड़-यात्रा का स्मरण हो आया। उन्हें स्मरण हो गया कि वहाँ एक पुजारी से उन्होंने विजयनगर आने का आग्रह किया था। स्मृति में यह बात कौंधते ही महाराज अपने सिंहासन से उठ खड़े हुए और अपने आसन के पास एक और आसन लगाए जाने का निर्देश देते हुए तत्पर हो गए। उन्होंने द्वारपाल को उस ब्राह्मण को आदरसहित राजदरबार में लाने का निर्देश दिया।

पुजारी जब राजसभा में आए तब सभी सभासदों ने अपने आसन से उठकर

उनका स्वागत किया। महाराज ने पुजारी के चरण छुए और उन्हें अपने आसन के समीप रखे गए आसन पर बैठाया। महाराज के आग्रह पर पुजारी ने सभासदों को सफलता के सूत्र बताए। पुजारी की बातें सुनकर सभासद भी आह्लादित हुए। अपना उपदेश समाप्त कर पुजारी ने महाराज से कहा, "राजन्, अब मुझे चलना चाहिए। मैं देवालयों में देव दर्शन के लिए निकला हूँ। मुझे स्मरण था कि मैंने आपको आश्वासन दिया था कि उचित अवसर पर मैं विजयनगर आऊँगा। इसलिए आपके पास आया और अपना वचन पूरा किया।"

महाराज कृष्णदेव राय ने विनयपूर्वक त्रिपुंड्रधारी पुजारी को रोक लिया। महाराज ने पुजारी से कहा कि विजयनगर में भी अनेक प्रसिद्ध मन्दिर हैं, वहाँ भी पुजारी चाहें तो देव दर्शन कर सकते हैं।

महाराज के अनुरोध पर पुजारी एक सप्ताह तक विजयनगर में अतिथि के रूप में रहे। महाराज ने उनकी सेवा में अपना दो घोड़ोंवाला रथ और सारथी प्रस्तुत कर दिया था जिसके कारण पुजारी ने महाराज कृष्णदेव राय के राज्य के सभी मन्दिरों का दर्शन किया और अन्त में राजमहल के परिसर में बने मन्दिर में देव दर्शन के लिए पधारे।

मन्दिर का निर्माण बहुमूल्य श्वेत प्रस्तरों से कराया गया था किन्तु पुजारी ने उसमें वास्तुदोष देखा तथा अपने निर्देशन में उस वास्तुदोष को यथाशीघ्र दूर कराने का प्रस्ताव दिया। महाराज पहले से ही पुजारी से प्रभावित थे इसलिए जब मन्दिर का वास्तुदोष दूर कराने की बात उठी तब उन्होंने सहजता से उसे स्वीकार कर लिया। अन्ततः वह दिन भी आ गया जब पुजारी जी को विदा होना था। विदाई से पूर्व महाराज ने राजभवन में त्रिपुंड्रधारी पुजारी के अभिनन्दन का कार्यक्रम आयोजित किया जिसमें तेनाली राम सहित सभी सभासदों को उपस्थित रहने का विशेष निर्देश महाराज ने दिया था।

त्रिपुंड्रधारी पुजारी के प्रति उपकृत भाव में महाराज ने सभासदों को सम्बोधित किया और अपने अभिनन्दन के बाद त्रिपुंड्रधारी पुजारी ने भी सभासदों को अपना कार्य एकाग्रचित्त और समर्पित भाव से करने का उपदेश दिया।

महाराज ने राजकोष से त्रिपुंड्रधारी पुजारी को पाँच सौ स्वर्णमुद्राएँ दक्षिणा के रूप में अर्पित कीं।

इस आदर-अनुष्ठान के बाद विदा होते समय पुजारी ने बहुत प्रसन्न होकर महाराज को आशीष दिया, "महाराज, आपके पाँव में खुजली होती रहे और आपके सभासद लगातार चिन्तातुर रहें।"

पुजारी का यह आशीर्वाद सुनकर महाराज कृष्णदेव राय मानो आसमान से गिरे। सभी सभासद भौचक्के रह गए। पुजारी मन्द-मन्द मुस्कुराते हुए राजभवन से बाहर जाने लगे। उन्हें स्वर्णमुद्राओं के साथ इस तरह बाहर जाता देखकर एक सभासद उग्र हो उठा और राजभवन की मर्यादाओं का उल्लंघन करते हुए चीख उठा, "अबे ओ ढोंगी! तू हमें और हमारे महाराज को अभिशप्त कर इस तरह नहीं जा सकता। ठहर!"

उसकी कर्कश चीख से महाराज की तन्द्रा भंग हुई। वे यह नहीं समझ पाए थे कि इतनी आवभगत और भरपूर दक्षिणा के बाद भी त्रिपुंड्रधारी पुजारी ने उन्हें शाप क्यों दिया? वे चूँकि उन पुजारी में आस्था रखते थे इसलिए उग्र नहीं हुए किन्तु वे उनके साथ अपने व्यवहार की मन-ही-मन मीमांसा करते रहे कि त्रिपुंड्रधारी ने उन्हें क्या कहा और क्यों कहा।

तभी त्रिपुंड्रधारी पुजारी ने मुस्कुराते हुए कोमल स्वरों में कहा, "महाराज, आपने पहली भेंट में बताया था कि आपके दरबार में ज्ञानी और विभिन्न विधाओं में पारंगत सभासद हैं। इसलिए मैंने यह आशीर्वाद दिया है। संशय में न रहो और मुझे जाने दो।"

त्रिपुंड्रधारी पुजारी की राह रोकने के लिए उद्यत सभासद को तभी तेनाली राम ने कहा, "पुजारी जी के मार्ग में कोई अवरोध उत्पन्न न करो। उनके आशीष को समझो और उन्हें जाने दो!"

तेनाली राम के ऐसा कहने पर सभासद पुजारी की राह से हट गया और पुजारी राजभवन से विदा हो गए।

पुजारी जी की बात सुनकर महाराज खिन्न हो चुके थे इसलिए वे भी बिना कोई औपचारिकता निभाए राजभवन से बाहर चले गए। सभा विसर्जित हो गई।

राजभवन से सबके चले जाने के बाद तेनाली राम भी भारी कदमों से अपने घर की ओर चल पड़ा। आज त्रिपुंड्रधारी पुजारी के बचाव के लिए आगे

आने के कारण सभी सभासदों की दृष्टि में उसने अपने लिए आक्रोश देखा था। महाराज ने भी राजभवन से जाते समय उसे उपेक्षा-भरी आँखों से देखा था। तेनाली राम समझ चुका था कि पुजारी जी का बचाव करने के कारण सभी उस पर कुपित हैं। मन-ही-मन पूरे घटनाक्रम पर विचार करता हुआ तेनाली राम अपने घर पहुँचा और अनमने ढंग से हाथ-पाँव धोकर अपनी घरेलू दिनचर्या में लग गया। सुबह तक वह मानसिक रूप से राजभवन में अपने ऊपर सभासदों के सम्भावित प्रहारों और महाराज के कोप-निवारण के लिए तैयार हो चुका था।

आम दिनों की तरह ही तेनाली राम प्रफुल्लित भाव से अपने आसन पर बैठा। महाराज के आने पर सभा की कार्रवाई शुरू हुई। एक सभासद ने कल राजदरबार में त्रिपुंड्रधारी पुजारी के आशीष की पंक्तियाँ सुनाते हुए कहा, ''महाराज! मैं विनयपूर्वक आग्रह कर रहा हूँ कि माननीय सभासद तेनाली राम कृपापूर्वक स्पष्ट करें कि इन शापभरी पंक्तियों को उन्होंने आशीष की संज्ञा देकर उस त्रिपुंड्रधारी ढोंगी का बचाव क्यों किया?''

महाराज ने भी तत्काल कहा, ''हाँ, तेनाली राम! स्पष्ट करो कि पुजारी जी की बातों का तुमने क्या सार निकाला था कि सबको शाप लगनेवाली बातें तुम्हें आशीष लगीं!'' महाराज गम्भीर थे। उन्होंने कहा, ''वैसे वह पुजारी जी बहुत विज्ञपुरुष हैं—हो सकता है, उनकी बातों का कोई गूढ़ार्थ हो!''

महाराज का आदेश मिलते ही तेनाली राम ने कहा, ''महाराज! पुजारी जी की बातों का कोई गूढ़ार्थ नहीं है। उन्होंने एक सभासद के विरोध पर यह कहा था कि आपने उनसे कहा था कि आपकी सभा में विज्ञ सभासद हैं। उन्होंने जाते-जाते सभासदों को यह बात सुनाकर उन्हें मानसिक रूप से सजग होने को कहा। पंडित जी ने अपने आशीर्वचन में यही तो कहा था कि महाराज, आपके पाँव में खुजली होती रहे। इससे उनका तात्पर्य यह था कि आप लगातार घूम-घूमकर अपनी प्रजा का सुख-दुख जानते रहें। उनके आशीष के अन्तिम अंश का यह भाव है कि आपके सभासद लगातार चिन्तातुर रहें। इसका अर्थ भी साफ है। जिस राज्य का राजा स्वयं प्रजा के सम्पर्क में रहेगा, इससे उसके राज्य में कहीं भी कोई कदाचार या अनाचार की घटना घटेगी तो उसका ज्ञान सीधे महाराज को होगा। इससे

हर क्षेत्र के सभासद हमेशा डरे रहेंगे कि कहीं भी कोई गलत बात होगी तो उसका पता महाराज को हो जाएगा। वे महाराज की सक्रियता के कारण डरे भी रहेंगे और चिन्तातुर भी। उन्हें हमेशा यह चिन्ता सताती रहेगी कि कैसे उनका कार्य निर्दोष हो। इस तरह चिन्तातुर सभासदों और सक्रिय महाराज के कारण विजयनगर की प्रगति होगी। यही उस पुजारी जी के आशीष का आशय है, महाराज!"

पुजारी जी के आशीष की यह व्याख्या सुनकर महाराज सन्तुष्ट हो गए। सभासदों ने तेनाली राम की मीमांसा का करतल ध्वनि से स्वागत किया और उस सभासद का मुँह लटक गया जिसने महाराज का कृपाभाजन बनने के लिए पुजारी जी की राह रोकी थी।

बहुभाषाविद् और तेनाली राम

महाराज कृष्णदेव राय विद्वत्ता-प्रेमी थे। स्वयं स्वाध्याय करते और स्वाध्यायियों की सराहना भी करते। उनके दरबार में प्रायः विभिन्न राज्यों के विद्वान आते और अपनी विद्वत्ता का प्रदर्शन कर उनसे उपहार आदि प्राप्त करते। विद्वानों को समादृत करते समय महाराज को आन्तरिक प्रसन्नता होती।

एक बार महाराज कृष्णदेव राय के दरबार में एक ऐसा भाषाविद् पहुँचा जो भाषा के विकास पर विशेष अध्ययन कर चुका था तथा स्वयं छः-सात भाषाएँ मातृभाषा की तरह बोल सकता था।

उसने महाराज के सम्मुख उपस्थित होकर कहा, "महाराज! मैं इस देश में बोली जानेवाली प्रायः समस्त बोलियों और भाषाओं का ज्ञाता हूँ और अनेक भाषाओं पर मेरा मातृभाषा की तरह अधिकार है। आपको मेरी बातों पर विश्वास हो जाए, इसके लिए आपके सामने मैं यही बातें विभिन्न भाषाओं में दुहराता हूँ। पहले तमिल में!" और वह फर्राटेदार तमिल में वही बातें बोलने लगा।

सभी सभासद चमत्कृत से उसे देखने लगे।

"अब तेलगू!"...और तेलगू में भी वह बड़ी सहजता से बोल गया वही बातें!

सभासदों को उसके इस भाषा-ज्ञान पर घोर विस्मय हुआ। महाराज भी उस विद्वान के भाषा-ज्ञान पर चकित थे और वह बोले जा रहा था।

कभी कन्नड़, कभी उड़िया, कभी मराठी तो कभी गुजराती। महाराज ने स्वीकार कर लिया कि इस विद्वान के पास अद्‌भुत सामर्थ्य है। सभासद उसकी सराहना के लिए तालियाँ बजाने लगे।

इसके बाद उस विद्वान ने महाराज से कहा, "महाराज! अब आपके सभासद इस देश के किसी भी क्षेत्र में बोली जानेवाली किसी भी बोली में, किसी भी भाषा में बात कर सकते हैं। मैं उनकी बातों का जवाब उनके द्वारा बोली गई भाषा में ही दूँगा।"

महाराज ने सभासदों को विद्वान से बातें करने का संकेत कर दिया। इसके बाद तो सभा में रह-रहकर विभिन्न बोलियों में उस विद्वान से बातें होती रहीं और वह सभासदों द्वारा बोली जानेवाली भाषा में ही जवाब देता। महाराज, तेनाली राम और सभासद सभी उस विद्वान के इस गुण की सराहना कर रहे थे। सभा भवन में एक भिन्न किस्म का माहौल था।

इसी सराहना और उल्लास के स्वरों के बीच उस विद्वान ने सभासदों की ओर देखते हुए महाराज से कहा, "महाराज! अब मेरी एक चुनौती है–सभाभवन में उपस्थित किसी भी सभासद को या सभी सभासदों को कि इनमें से कोई भी यदि मेरी मातृभाषा बता दे तब मैं उसको एक सहस्र स्वर्णमुद्राएँ दूँगा। यदि कोई भी ऐसा न कर सके तब आप मुझे एक सहस्र स्वर्णमुद्राएँ देकर विदा करेंगे!"

सभासदों के बीच सन्नाटा छा गया।

महाराज भी मुश्किल में थे। वे भी नहीं समझ पाए कि यह विद्वान आखिर कहाँ का रहनेवाला हो सकता है और कौन-सी भाषा इसकी मातृभाषा हो सकती है।

उन्होंने तेनाली राम की ओर देखा।

तेनाली राम भी शान्त था। उसके चेहरे पर कोई भाव नहीं था।

उस विद्वान ने सभी के ऊपर भरपूर दृष्टि डाली और बोला, "महाराज! मैं सभी की सुविधा के लिए बारी-बारी से विभिन्न भाषाओं में बोल रहा हूँ ताकि यह अनुमान लगाना आसान हो जाए कि मेरी मूल मातृभाषा कौन-सी है।"

उस विद्वान के बोल लेने के बाद सभाभवन में ऐसा सन्नाटा छा गया कि मानो वहाँ कोई हो ही नहीं।

महाराज ने फिर तेनाली राम की ओर देखा।

तेनाली राम ने महाराज से कहा, "महाराज! मैं इस विद्वान की मातृभाषा बता दूँगा मगर इन्हें एक दिन के लिए,...नहीं! एक रात के लिए मेरा अतिथि बनकर रहना होगा।"

महाराज ने कहा, ''क्यों, तेनाली राम, अभी ही क्यों नहीं बताते?''

''बस, यूँ ही महाराज! मेरी इच्छा है कि माँ सरस्वती के इस वरद-पुत्र की सेवा का अवसर मुझे प्राप्त हो।'' तेनाली राम ने कहा।

विद्वान व्यक्ति सम्मान का भूखा होता है। सम्मान मिलने से उसके अहंकार को सन्तुष्टि मिलती है। इस विद्वान को तेनाली राम का प्रस्ताव पसन्द आया। उसने महाराज से कहा, ''महाराज! मैं यह आतिथ्य ग्रहण करने के लिए तत्पर हूँ। लेकिन शर्त है कि यदि ये मेरी मातृभाषा नहीं बता पाए तो इन्हें एक सहस्त्र स्वर्णमुद्राएँ मुझे इन सभी सभासदों के समक्ष ही देनी पड़ेगी।''

तेनाली राम ने कहा, ''महाराज! मुझे इन जैसे विद्वान के साहचर्य और सान्निध्य के लिए इनकी यह शर्त स्वीकार है।''

फिर तेनाली राम उस विद्वान के साथ अपने घर आ गया। उस दिन की सभा विसर्जित हो गई।

तेनाली राम के घर पर उत्सव जैसा माहौल था। उसके सगे-सम्बन्धी, इष्ट-मित्र सभी बुलाए गए थे। शाम ढल चुकी थी। तेनाली राम के द्वार पर कई मशाल जलाकर प्रकाश किया गया था। तेनाली राम ने अपने पड़ोसियों को भी सूचित किया था कि उसके घर एक ऐसा विद्वान आया हुआ है जिससे वे चाहे जिस बोली या भाषा में बात करें, वह उन्हें उसी बोली में उत्तर देगा। देर रात तक तेनाली राम के दरवाजे पर लोगों का मजमा लगा रहा।

विद्वान जब थककर चूर हो चुका तब तेनाली राम ने लोगों को विदा किया। उसने विद्वान को खूब मीठे पकवान खिलाए जिसके कारण विद्वान को नींद आने लगी। तेनाली राम ने उसके सोने की व्यवस्था अलग कमरे में कराई। जब विद्वान सो गया तब तेनाली राम ने एक सेवक को एक बर्तन में गरम पानी दिया और कहा, ''तुम जाओ और जाकर उस सोए हुए अतिथि के एक पाँव पर यह गरम पानी उड़ेल आओ। इसके बाद जो कुछ भी होगा, उससे मैं निपट लूँगा।"

सेवक डरता हुआ विद्वान वाले कमरे में गया। थोड़ी ही देर में विद्वान की चीख और कन्नड़ में उसके बोलने की आवाज सुनकर तेनाली राम उसके कमरे में पहुँचकर विद्वान से पूछा, "क्या हुआ?"

विद्वान उस समय घबराया हुआ था। विद्वान ने तेनाली राम से कहा, "तुम्हारे सेवक ने मेरे ऊपर गरम पानी डाल दिया।"

यह सुनकर तेनाली राम ने चीखकर अपने सेवक को आवाज लगाई, "रामलिंगम्, इधर आओ! सुनो, हमारे माननीय अतिथि क्या कह रहे हैं!"

रामलिंगम् ने कहा, "स्वामी, मैं आपकी दवा के लिए गरम पानी लेकर आ रहा था। हाथ में गरम पानी लेकर जब मैं दवा लेने के लिए इस कमरे में आया तो मेरा पाँव पलंग के पाये से टकरा गया और कटोरे से थोड़ा पानी छलककर इनके पाँव पर गिर गया जिसके कारण ये जग गए और मैं इनके क्रोध से बचने के लिए डरकर बाहर भाग गया।"

तेनाली राम ने हाथ जोड़कर अतिथि से क्षमा-याचना की और उसके पाँव को ठंडे पानी से धोकर उस पर आलू के गूदे का लेप लगाया जिससे अतिथि की जलन शान्त हो गई और वह शान्ति से सो गया।

दूसरे दिन तेनाली राम अपने विद्वान अतिथि के साथ महाराज कृष्णदेव राय के दरबार में उपस्थित हुआ।

महाराज और सभी सभासद मानो उनकी ही प्रतीक्षा कर रहे थे। तेनाली राम और विद्वान अतिथि द्वारा आसन ग्रहण कर लेने के बाद महाराज ने सभा की कार्रवाई शुरू कराई।

विद्वान ने उठकर कहा, "महाराज! मैंने तेनाली राम की शर्त पूरी कर दी है। अब आप तेनाली राम को कहें कि शर्त के अनुसार वे मेरी मातृभाषा बताएँ या मुझे एक सहस्र स्वर्णमुद्राएँ देकर विदा करें।"

महाराज ने तेनाली राम से पूछा, "क्यों तेनाली राम, तुम अब बताओगे कि अतिथि की मातृभाषा क्या है?"

"जी हाँ, महाराज! हमारे अतिथि की मातृभाषा 'कन्नड़' है।"

यह सुनना था कि वह विद्वान अपने आसन से उठकर आश्चर्य से तेनाली राम को देखने लगा फिर उसने हाथ जोड़कर स्वीकार कर लिया, "मेरी मातृभाषा कन्नड़ ही है।" उसने यह भी कहा, "महाराज! मैंने आपके दरबार की प्रशंसा तेनाली राम के कारण ही सुनी थी। मुझे एक सहस्र स्वर्णमुद्राएँ इन जैसे प्रतिभा-सम्पन्न व्यक्ति को भेंट करते हुए हार्दिक प्रसन्नता होगी।" यह कहते हुए उसने तेनाली राम को एक सहस्र स्वर्णमुद्राएँ सौंपने की तत्परता दिखाई।

सभाकक्ष तालियों की गड़गड़ाहट से गूँज उठा किन्तु तेनाली राम ने यह कहते हुए यह धन लेने से मना कर दिया कि विद्वान उनका अतिथि है। अतिथि का सम्मान करना हमारी परम्परा है। अतिथि से कुछ प्राप्त करने की लालसा हमें नहीं होती!

सभाकक्ष में बैठे सभी व्यक्ति तेनाली राम के इस इनकार से हत्प्रभ रह गए। वह विद्वान तेनाली राम से इतना प्रभावित हुआ कि अपने ज्ञाता होने के अहंकार से मुक्त होकर तेनाली राम के चरण छू लिये तथा कहने लगा, ''तेनाली राम! आप जैसे व्यक्ति से मिलकर मेरा जीवन धन्य हो गया। मैं जीवनपर्यन्त आपकी प्रतिभा और अतिथि-सम्मान की भावना को नहीं भूल पाऊँगा।'' ऐसा कहकर विद्वान महाराज कृष्णदेव राय के दरबार से बाहर आ गया।

उसके जाने के बाद महाराज ने तेनाली राम से यह जानना चाहा कि उसने कैसे जाना कि उस विद्वान की मातृभाषा कन्नड़ ही है?

तेनाली राम ने हँसते हुए महाराज को रात की घटना सुना दी तथा कहा, "महाराज! आदमी चाहे जितनी भी भाषाओं का ज्ञाता हो, वह अचानक मिली पीड़ा की उत्प्रेरणा से अपनी मातृभाषा में ही चीखेगा। मैंने इसी सूत्र के सहारे यह जान लिया कि विद्वान की मातृभाषा कन्नड़ है।"

पाँच गधोंवाला सौदागर

एक बार महाराज कृष्णदेव राय और तेनाली राम साथ-साथ पड़ोसी राज्य के एक शहर सौरभ नगर भ्रमण करने के लिए गए। दोनों सौदागर के वेश में थे। उन दिनों यह आम प्रचलन था कि राजा-महाराजा जीवन और जगत में हो रहे परिवर्तनों को जानने के लिए समय-समय पर ऐसे ही वेश बदलकर घूमने के लिए निकल जाया करते थे।

सौरभ नगर में ये दोनों एक धर्मशाला में ठहरे। इस धर्मशाला में और बहुत से सौदागर ठहरे हुए थे। महाराज उत्सुकता से उन सौदागरों को अपने कमरे से निहार रहे थे।

तेनाली राम ने उन्हें इस तरह उत्सुक देखा तो पूछा, ''क्या बात है महाराज, इस तरह आप हर आने-जानेवालों को क्यों देख रहे हैं? यह तो धर्मशाला है। यहाँ इसी तरह लोग आते-जाते रहेंगे। इनमें कोई अच्छा सौदागर होगा तो कोई बुरा। कोई बेशकीमती चीजें बेचनेवाला होगा तो कोई बात बेचकर पैसे कमाता होगा।''

महाराज कृष्णदेव राय ने मुस्कुराते हुए कहा, ''नहीं तेनाली राम! मैं हर आने-जानेवाले को नहीं देख रहा। मैं तो सामने के कमरे में ठहरे उस अजीबो-गरीब परिधानवाले सौदागर को देख रहा हूँ जो अपने साथ पाँच गधों को भी अपने कमरे में रखे हुए है और उन्हें प्यार से सहला रहा है। मैंने अब से पहले कमरे में पालतू कुत्ते, बिल्लियाँ, खरगोश, तोते, कबूतर आदि तो देखे थे मगर किसी को अपने कमरे में गधा रखते नहीं देखा था। इस कारण ही मुझे उत्सुकता हो रही है कि अपने साथ कमरे में गधों को रखनेवाला यह सौदागर कौन है तथा किस चीज के सौदे के लिए यहाँ ठहरा है...।''

"तो इसमें कौन-सी बड़ी बात है महाराज! हम लोग बाहर निकलेंगे तो यह बात आसानी से पता लग जाएगी।"

महाराज और तेनाली राम दोनों ही थोड़ी देर के बाद बाजार जाने के लिए अपने-अपने कमरों से बाहर निकले। दोनों जब धर्मशाला के मुख्य द्वार के पास पहुँचे तो तेनाली राम ने महाराज से कहा, "महाराज! तनिक ठहरिए।"

महाराज ने तेनाली राम की ओर प्रश्नसूचक दृष्टि से देखा तो तेनाली राम ने कहा, "आइए महाराज, धर्मशाला के व्यवस्थापक का कक्ष मुख्य द्वार के पास ही है। जरा चलिए, उस सौदागर के बारे में पता चल जाएगा कि वह कौन है, कहाँ से आया है और किस चीज का सौदा करता है!"

"धर्मशाला के रोजनामचे में ये सूचनाएँ गलत भी तो दर्ज हो सकती हैं, जैसे मेरे और तुम्हारे बारे में यह सूचना दर्ज है कि हम दोनों जवाहरातों की खरीद के लिए सौरभ नगर आए हैं।" महाराज ने पूछा।

"जी हाँ, महाराज! पर इसकी सम्भावना बहुत क्षीण है।" तेनाली राम ने उत्तर दिया।

"वह कैसे?" महाराज ने पूछा।

"वह ऐसे महाराज कि आसपास, मेरा मतलब है कि सौरभ नगर के आसपास दूसरा राज्य केवल विजयनगर ही है। इस तरह छद्मवेश में किसी दूरस्थ राज्य का राजा यहाँ आए, उसका कारण भी तो होना चाहिए। सम्प्रति इस तरह का कोई कारण नहीं दिखता। सौरभ नगर की शासन प्रणाली ने मुक्त व्यापार की नीति अपनाई है। इस राज्य का अपना कोई अर्थ-स्रोत ही नहीं है। पर्यटन के लिए बाहर से जो लोग यहाँ आते हैं, उनसे ही यहाँ का राजस्व चलता है।...दूसरे राज्यों से लोग यहाँ आते रहें इसलिए ही इस राज्य में 'मुक्त व्यापार प्रणाली' अपनाई गई है। यही कारण है कि यहाँ विभिन्न राज्यों के सौदागर बिना किसी रोक-टोक के आते हैं।"

महाराज ने तेनाली राम की ओर प्रशंसा-भरी दृष्टि से देखते हुए सोचा कि तेनाली राम इसीलिए तो महत्त्वपूर्ण है कि वह हर बात को सूक्ष्मता से समझता है।

महाराज तेनाली राम के साथ धर्मशाला के व्यवस्थापक के कक्ष में गए।

तेनाली राम ने व्यवस्थापक की ओर देखते हुए पूछा, "वह गधेवाला सौदागर?"

"कौन...वह जो कन्धार से आता है?" व्यवस्थापक ने पूछा।

असल में तेनाली राम के पूछने का ढंग ही ऐसा था कि व्यवस्थापक को महसूस हुआ कि उसका उस सौदागर से पूर्व का सम्बन्ध है। व्यवस्थापक ने तेनाली राम से कहा, "आप सामने के गलियारे से सीधे चले जाएँ। अन्तिम दाईं तरफ के कमरे में वह मिल जाएगा।"

"इस बार वह क्या लाया है?"

तेनाली राम की ओर व्यवस्थापक ने आश्चर्य से देखा, फिर कहा, "वही पाँच गधे! अरे भाई, बात बेचनेवाला और क्या लाएगा?"

तेनाली राम ने जब यह सुना तब महाराज से कहा, "चलें, उससे मिल ही लें।"

असल में व्यवस्थापक की बातें सुनकर तेनाली राम की उत्सुकता उस गधेवाले सौदागर के प्रति बढ़ गई थी।

चलते-चलते तेनाली राम ने व्यवस्थापक से पूछा, "आप उसके गधों को भी कमरे में रहने देते हो?"

व्यवस्थापक ने हँसते हुए कहा, "गधा मत कहो! उसका एक गधा दो आदमी के बराबर है हमारे लिए। सौदागर एक कमरे में रहता है मगर ग्यारह कमरों का किराया चुकाता है।"

तेनाली राम की उत्सुकता और बढ़ गई। वह महाराज के साथ सौदागर के कमरे की ओर चल पड़ा।

महाराज की भी दिलचस्पी उस सौदागर के प्रति हो आई थी।

तेनाली राम ने कन्धारवाले सौदागर के कमरे के सामने पहुँचकर द्वार खटखटाया। वैसे कमरे का दरवाजा खुला हुआ था और सौदागर अपने गधों को सहला रहा था। उसने दरवाजे की तरफ देखा तो दो सौदागरों को दरवाजे पर खड़ा पाया। किन्तु बिना कोई प्रतिक्रिया जताए वह फिर अपने गधों को सहलाने लगा।

तेनाली राम और महाराज चकित रह गए कि इस सौदागर ने उन्हें कुछ कहा नहीं। फिर तेनाली राम ने ही पहल की और पूछा, "आ जाऊँ?"

"तुम्हारी मर्जी।" सौदागर गधे को सहलाते हुए बोला। उसकी आँखें गधे पर इस तरह टिकी थीं मानो वह गधा न हो, दुनिया की कोई नायाब वस्तु हो!

तेनाली राम और महाराज दोनों कमरे में प्रवेश कर गए लेकिन उसने उन्हें बैठने को नहीं कहा और गधे को उसी तरह सहलाता रहा मानो वह संसार का सबसे महत्त्वपूर्ण काम कर रहा हो।

तेनाली राम और महाराज पास की दीवार के सहारे कमरे में बिछी चटाई पर बैठ गए।

सौदागर ने अपने पाँच गधों में से दो गधों को कमरे में लगी दो खूँटियों से बाँध दिया। उसके तीन गधे खुले रहे।

पहली बार सौदागर ने उन दोनों की ओर बहुत प्रेम से देखा। लगभग उसी दृष्टि से जिस दृष्टि से वह अपने गधों को देख रहा था। फिर उन्हें मुस्कुराता हुआ देखता रहा। कुछ बोला नहीं।

महाराज ने फिर चुप्पी तोड़ी, "सुना, कन्धार से आते हो?"

सौदागर ने उनके प्रश्न पर ध्यान नहीं दिया और महाराज के सामने हाथ फैला दिया। बोला, ''मैं उत्तर देने के पैसे लेता हूँ। निकालो पाँच स्वर्णमुद्राएँ फिर बात करो। यदि तुम्हारा साथी भी कुछ जानना चाहे तो उसके भी पाँच स्वर्णमुद्राएँ?''

"तुम क्या बताओगे?"

वह सौदागर उसी तरह मुस्कुराता हुआ उन दोनों को मौन देखता रहा। उसके चेहरे पर निश्चिन्तता थी और हाथ उसी तरह स्वर्णमुद्राएँ लेने के लिए बढ़े हुए थे।

महाराज ने अपनी जेब से स्वर्णमुद्राओं की थैली निकाली और उसमें से दस के स्थान पर ग्यारह स्वर्णमुद्राएँ गिनकर सौदागर के हाथ में रख दी।

सौदागर ने एक स्वर्णमुद्रा अपनी हथेली से निकालकर तल्खी के साथ महाराज के हाथ पर धर दी, ''सुल्तान बख्शीश नहीं लेता, देता है, ध्यान रखना! मैं मन का बाादशाह हूँ।''

पहली बार महाराज को अपने जीवन में ऐसा व्यक्ति मिला था जिसकी आवाज में ऐसा प्रभाव था कि उनका व्यक्तित्व उससे आच्छादित हो गया। उन्होंने मन-ही-मन सोचा—तो इसका नाम सुल्तान है! फिर मन में शंका हुई, कहीं यह कन्धार का सुल्तान तो नहीं?...नहीं, नहीं, अगर ऐसा होता तो यह स्वयं को 'मन का बादशाह' नहीं कहता। चाहे जो हो, आदमी है दिलचस्प।

''सुना, बातें बेचते हो?'' महाराज ने पूछा।

सौदागर ने फिर अपनी हथेली आगे बढ़ाई और कहा, ''प्रति प्रश्न एक स्वर्णमुद्रा! एक व्यक्ति पाँच प्रश्न केवल!''

महाराज ने एक स्वर्णमुद्रा उसकी हथेली पर रख दी। सुल्तान फिर मुस्कुराया। महाराज कृष्णदेव राय इस अजीब सौदागर के अन्दाज के कायल तथा उसके व्यक्तित्व और व्यवहार से सम्मोहित से हो गए। तेनाली राम चुपचाप उस व्यक्ति को देखता रहा।

"सुना, तुम कन्धार से आए हो। हम लोग तुम्हारे सामनेवाले कमरे में ठहरे हैं। तुम्हारे कमरे में गधों को देखकर तुमसे मिलने की इच्छा हुई। हम लोग कुछ दिन और रुकेंगे। तुम कब तक रुकोगे?"

सुल्तान ने अपनी हथेली फिर बढ़ा दी और महाराज को देखते हुए मुस्कुराता रहा।

महाराज ने एक स्वर्णमुद्रा उसकी हथेली पर फिर से रख दी।

"जब तक तुम दोनों की तरह तीन और उत्सुक सौदागर न आ जाएँ तब तक!"

महाराज ने उसकी हथेली पर एक स्वर्णमुद्रा रखते हुए पूछा, ''तुमने अपने साथ इन गधों को क्यों रखा है?''

सुल्तान मुस्कुराया, ''यही मेरे अन्नदाता हैं!''

महाराज ने पूछा, ''कैसे?" और एक स्वर्णमुद्रा सुल्तान की हथेली पर रख दी।

''जो आता है वह इन गधों के बारे में ही बातें करता है।'' सुल्तान ने मुस्कुराते हुए कहा।

महाराज ने एक स्वर्णमुद्रा और उसकी हथेली पर रखी और पूछा, ''इन गधों में ऐसी क्या विशेषता है?''

"आज का इनसान जिन सूक्ष्म तरंगों को व्यवहार में लाता है वह सब कुछ!"

''जैसे?'' पूछते हुए महाराज ने एक स्वर्णमुद्रा बढ़ाई मगर सुल्तान ने अपना हाथ वापस खींच लिया और महाराज के सामने पाँच स्वर्णमुद्राएँ गिनकर अपनी जेब में रख लीं।

महाराज समझ गए, अब सौदागर सुल्तान बातें नहीं करेगा। तब उन्होंने तेनाली राम की ओर देखा।

तेनाली राम ने सौदागर की हथेली पर पहली स्वर्णमुद्रा रखते हुए कहा, ''पहले गधे पर क्या लदा है?''

''राजा-महाराजा के उपयोग में आनेवाला अत्याचार!'' सुलतान ने उत्तर दिया।

''दूसरे गधे पर?'' तेनाली राम ने सुल्तान की हथेली पर एक स्वर्णमुद्रा और रखी।

''पंडितों और विद्वानों के काम आनेवाला अहंकार!'' सुल्तान ने उत्तर में कहा।

तीसरी स्वर्णमुद्रा हथेली पर रखते हुए तेनाली राम ने पूछा, ''और तीसरे गधे पर?''

सुल्तान ने उत्तर दिया, ''धनवानों के काम आनेवाला ईर्ष्या भाव!''

चौथी मुद्रा सुल्तान की ओर बढ़ाते हुए तेनाली राम ने पूछा, ''चौथे पर?''

"अधिकांश के उपयोग में आनेवाली बेईमानी।"

तेनाली राम मुस्कुराया और एक स्वर्णमुद्रा पुनः सुल्तान की हथेली पर रखते हुए कहा, ''और पाँचवें गधे पर?''

''औरतों के काम आनेवाला छल, कपट और प्रपंच।''

तेनाली राम और महाराज उठकर उस सौदागर के कमरे से बाहर निकल आए। दोनों एक-दूसरे की तरफ देखकर मुस्कुराए।

महाराज ने कहा, ''मूर्ख बन गए।''

तेनाली राम ने कहा, ''अरे नहीं महाराज! वास्तव में यह सौदागर बातों का धनी है और खड़ी बातें करता है। उसने अपने व्यवहार से समझा दिया था कि वह अपने ग्राहकों को गधा समझता है। उसने दो गधों को खूँटे से बाँधकर बता दिया कि हम दोनों उसके सम्मोहन में बँध चुके हैं। गधों को अन्नदाता बताकर उसने बात और साफ कर दी। उसने यह भी ठीक कहा कि जो भी आता है, गधों से जुड़े प्रश्न ही करता है। युग की प्रवृत्तियों को उसने सूक्ष्म तरंग बताया। उसकी बातें साफ थीं और सच्ची थीं। कन्धार से यहाँ आने के बाद वह केवल पाँच जिज्ञासुओं से बातें कर लौट जाता है और इन पाँचों से उसे इतनी स्वर्णमुद्राएँ प्राप्त हो जाती हैं कि उसका गुजारा चल जाता है।''

"...लेकिन यह तो ठगी है!" महाराज ने कहा।

"ठगी क्या महाराज? छद्मवेश में घूमना ठगी से कम है क्या?" तेनाली राम ने मुस्कुराते हुए पूछा और फिर कहा, "मुझे तो इस व्यक्ति से मिलकर प्रसन्नता हुई, जो बातें बेच रहा है और मुझ जैसों को और सजग होने के लिए प्रेरित कर रहा है।"

महाराज चुप हो गए।

तेनाली राम मुस्कुराते हुए सोचने लगा—इस दुनिया में बुद्धि का उपयोग करनेवाले निराले लोग भी हैं।

व्यक्ति, परिवेश और परिधान

विजयनगर के महाराज कृष्णदेव राय सिंहासन पर विराजमान थे। सभा में तर्क-वितर्क चल रहा था। सभासद अपनी-अपनी बुद्धि और वाक्पटुता से यह प्रमाणित करने में लगे थे कि व्यक्ति महत्त्वपूर्ण है क्योंकि वह सृष्टि की विशिष्ट रचना है। प्रकृति में एक से बढ़कर एक जन्तु हैं। कोई बहुत छोटा तो कोई बहुत विशाल। कोई अकेला विचरण करता है तो कोई समूह में। कोई इतना शक्तिशाली है कि बड़ा पेड़ उखाड़ डालता है। किसी को पेट भरने के लिए सरसों का एक दाना काफी है और किसी को अपना पेट भरने के लिए किसी बड़े जानवर का शिकार करना पड़ता है। इतनी विचित्रतापूर्ण सृष्टि में एक मनुष्य ही है जिसने अपनी बुद्धि से इन सहस्त्रों कोटि के जीवों की प्रकृति को समझा है और उनसे लाभ लेने की कला में पारंगत हुआ है। हिंस्र जानवर शेर को भी उसने अपनी मेधा के बूते पालतू बना लिया है। वह हाथी जैसे विशालकाय जीव पर सवारी करता है।

बात व्यक्ति की क्षमता से होते हुए उसके आचार-व्यवहार पर उतर आई। तर्क-वितर्क का दौर जारी रहा। महाराज कृष्णदेव राय अपने आसन पर बैठे अपने सभासदों की वाक्पटुता और उनके ज्ञान का आनन्द उठा रहे थे। महाराज का एक सभासद अपने आसन पर निर्लिप्त भाव में बैठा था। उसे देखकर ऐसा नहीं लगता था कि वह सभा में चल रही चर्चा के दौर में कोई रुचि रखता हो। महाराज कृष्णदेव राय उसकी ओर कई बार देख चुके थे। उसकी निर्लिप्तता बनी हुई थी। महाराज ने सोचा–शायद वह किसी अन्य विषय पर विचार कर रहा है। उन्होंने उसे टोका नहीं। सभा में अब सभासद कुछ और बुलन्दी से बोलने लगे थे।

एक सभासद ने कहा, ''कुछ लोग भ्रम में जीते हैं कि अच्छा वस्त्र पहन

लेने से ही उन्हें सम्मान मिलने लगेगा। सच तो यह है कि व्यक्ति को सम्मान उसके बाह्य आवरण के कारण नहीं, अपितु आन्तरिक गुणों के कारण मिलता है।''

बोलनेवाले सभासद के होंठों पर ऐसा कहते समय व्यंग्य-भरी मुस्कान तैर गई और उसने वक्र-दृष्टि से सभा में बैठे उस सभासद की ओर देखा जो निर्लिप्त भाव में सभा में बैठा था और अब तक कुछ बोला नहीं था।

तभी एक दूसरे सभासद ने पूर्ववक्ता की हाँ में हाँ मिलाई और कहने लगा, ''ठीक कहते हो भाई! इन दिनों यह प्रवृत्ति देखने में आ रही है कि कुछ लोग ललाट पर चन्दन लगाकर पंडित या ज्ञानी होने का स्वाँग करते हैं। उनका स्वाँग भले ही कुछ लोगों को भ्रमित कर दे लेकिन ज्ञान की परख रखनेवालों की दृष्टि से उनकी वास्तविकता छुपी नहीं रह सकती। ज्ञानी जानते हैं कि तिलक लगा लेने मात्र से कोई पंडित नहीं हो जाता। पांडित्य के लिए तिलक की आवश्यकता ही क्या है? पांडित्य तो अध्ययन और मनन की स्वाभाविक परिणति है।'' उसने भी उस सभासद की ओर कटाक्ष भरी दृष्टि से देखा।

उसे ऐसा करते महाराज कृष्ण चन्द्र राय ने देख लिया और वे भाँप गए कि सभा में इस समय जो विमर्श हो रहा है उसके केन्द्र में उनका वह सभासद है जो अब तक मौन बैठा है–निर्लिप्त और निस्पन्द-सा, मानो इन बातों में कोई सार ही न हो! महाराज अपने इस सभासद की योग्यता के कायल थे। वे जानते थे कि अध्ययन और योग्यता की उसमें कोई कमी नहीं है। उन्हें अपने इस सभासद का मौन खल रहा था। वे चाहते थे कि वह बोले और व्यक्ति के बाह्य आवरण और आन्तरिक गुणों पर अपने विचार व्यक्त करे। मगर वह सभासद था कि किसी भी कटाक्ष पर ध्यान नहीं दे रहा था और न किसी के तर्क पर अपनी कोई प्रतिक्रिया ही प्रकट होने दे रहा था।

महाराज से रहा नहीं गया। उन्होंने अपने उस सभासद की ओर देखा और उसे टोका, तुम मौन क्यों हो? तुम भी अपने विचार व्यक्त करो। सभा में इतनी देर से चर्चा का दौर चल रहा है–तुम भी तो बताओ कि वस्त्र तो केवल तन ढँकने के लिए अपेक्षित है, फिर क्यों कुछ लोग बाह्य सज्जा पर अनाप-शनाप व्यय करते हैं? असली सौन्दर्य तो मन का सौन्दर्य है, फिर क्यों वस्त्र-आभूषण-अलंकरण पर इतना ध्यान दिया जाता है?''

उस सभासद ने अपने आसन से उठकर महाराज के सामने हाथ जोड़ लिये। यह सभासद कोई और नहीं, गुंटूर जिले के गलीपाडु ग्राम से विजयनगर आया कृष्ण स्वामी तेनाली राम मुदलियार था जिसे हाल में ही महाराज ने अपना सभासद बनाया था।

महाराज को अभिवादन करने के बाद तेनाली राम ने कहा, ''महाराज, मुझे क्षमा करें! मैं इस सभा में चल रहे विचार-विमर्श को गम्भीर नहीं मानता। मैं विश्वासपूर्वक कह सकता हूँ कि इन बातों का न तो कोई अर्थ है और न ही ये बातें किसी निष्कर्ष तक पहुँच सकती हैं। मेरी इस धारणा के प्रति आम सहमति भी नहीं हो सकती क्योंकि प्रायः सभी सभासदों की राय है कि वस्त्र का प्रयोजन मात्र तन ढँकना होना चाहिए...जबकि मैं ऐसा नहीं मानता। सभा में अभी जो भी बातें हो रही हैं, उसका प्रयोजन, मुझे नहीं लगता कि किसी निष्कर्ष पर पहुँचना है। मुझे तो लगता है कि ये बातें केवल बातों के लिए हो रही हैं जिससे सभा का समय कट जाए। मुझे इस तरह की बातों में कोई रुचि नहीं है, महाराज! जिसके कारण मैं मौन हूँ।"

महाराज को तेनाली राम से इस तरह के उत्तर की प्रत्याशा नहीं थी जिसके कारण वे विस्मित हो गए मगर उन्हें लगा कि उसने जो कुछ भी कहा है वह सच है, फिर भी उनकी उत्सुकता बनी रही कि आखिर इस विषय में तेनाली राम स्वयं क्या सोचता है। इसलिए उन्होंने तेनाली राम से कहा, ''नहीं, तेनाली राम, यूँ प्रश्न टालने से काम नहीं चलेगा। तुम्हें अपनी राय व्यक्त करनी ही चाहिए। इतने लोगों ने इस प्रसंग में सभा के समक्ष अपनी राय रखी और तुमसे सबकी यही अपेक्षा होनी चाहिए कि तुम भी अपनी सोच से सभा को अवगत कराओगे।''

"जो आज्ञा महाराज!" तेनाली राम ने विनम्रतापूर्वक कहा और एक भरपूर दृष्टि सभासदों पर डाली।

सभा में थोड़ी देर के लिए सन्नाटा-सा छा गया। फिर खुसुर-फुसुर की आवाजें उभरने लगीं। तेनाली राम सभा में अपने आसन के पास खड़ा था। माथे पर रेशमी साफा बाँधे आभिजात्य परिधान में सजे तेनाली राम को देखकर सभासदों की फुसफुसाहटें तेज हो रही थीं। उनमें से कुछ सभासद खीं-खीं करके हँस भी रहे थे।

महाराज ने भी सभासदों की फुसफुसाहटों और दबी-दबी-सी हँसी को सुना और वे समझ गए कि सभासद तेनाली राम के वस्त्र आदि को लक्ष्य करके हँस रहे हैं।

"महाराज!" तेनाली राम ने गम्भीर स्वरों में कहना आरम्भ किया, "परिवेश और परिस्थिति के अनुकूल परिधान पहनना नीति अनुकूल है। समाज में उचित स्थान प्राप्त करने के लिए उचित परिधान का उपयोग करना व्यवहारशास्त्र का प्रारम्भिक उपदेश है। व्यक्ति के आन्तरिक गुणों का ज्ञान तो तब होता है जब उसे बोलने का अवसर प्राप्त हो किन्तु वस्त्र तो दूर से ही बतला देता है कि उसे धारण करनेवाला व्यक्ति किस उचित आसन का अधिकारी है।"

"...तो तुम कहना चाहते हो कि व्यक्ति के आन्तरिक गुणों की अपेक्षा उसका बाह्य परिधान अधिक महत्त्वपूर्ण है?" महाराज ने प्रश्न किया और सभासद ही-ही करते हुए हँसने लगे।

हँसनेवाले सभासद इस बात पर प्रसन्न थे कि महाराज कृष्णदेव राय के प्रश्न में तेनाली राम के विचारों से असहमति के संकेत थे।

तेनाली राम उसी सहजता से बोल पड़ा, "नहीं, महाराज! मैं तो यह कह रहा हूँ कि परिधान के अभाव में व्यक्ति के आन्तरिक गुणों की पहचान नहीं हो पाती और व्यक्ति को उपेक्षित होना पड़ता है।"

महाराज ने विस्मय-भरी दृष्टि से तेनाली राम को देखा। सभासदों ने शोर करते हुए तेनाली राम की टिप्पणी से असहमति जताई। महाराज ने थोड़ी देर तक चुप्पी साधे रखी फिर धीरे से पूछा, "तेनाली राम! सारे सभासद, लगता है, तुम्हारी राय से सहमत नहीं हैं। क्या अब भी तुम अपनी टिप्पणी पर दृढ़ हो?"

"जी हाँ, महाराज! मैंने जो भी कहा, उसमें मेरा कुछ भी नहीं, यह आर्ष वचन है और शाश्वत है, चिरन्तन है। यह हर युग में ऐसा ही था, है और रहेगा।" तेनाली राम ने कहा।

"तुम इसे प्रमाणित कर सकते हो?" महाराज ने पूछा।

"उचित अवसर पर।" तेनाली राम ने उत्तर दिया।

उस दिन सभा उसी समय विसर्जित हो गई। सभासदों में एक विशेष प्रकार की खुशी थी। उन्हें विश्वास हो गया था कि महाराज तेनाली राम

के उत्तर से सहमत नहीं हैं। ये सभासद तेनाली राम के प्रति ईर्ष्या का भाव रखते थे क्योंकि वह प्रायः बहुमूल्य परिधान पहनकर सभा में आया करता था। विद्वान तो वह था ही। सभा में उसकी टिप्पणियाँ सबसे भिन्न और सटीक हुआ करती थीं जिसकी प्रायः महाराज सराहना करते थे। यही कारण था कि सभासदों में तेनाली राम के प्रति ईर्ष्या का भाव था।

इस घटना के कुछ दिन बाद विजयनगर में एक समारोह का आयोजन हो रहा था। महाराज कृष्णदेव राय के पिता के जन्मदिवस पर प्रतिवर्ष आयोजित होनेवाला यह समारोह इस बार विशेष उल्लास के साथ मनाया जा रहा था क्योंकि यह वर्ष महाराज कृष्णदेव राय के पिता की शतवार्षिकी जन्मोत्सव का वर्ष था। महाराज स्वयं समारोह की तैयारियों पर दृष्टि रख रहे थे। राजभवन को इस अवसर पर विशेष रूप से सजाया गया था। आमोद-प्रमोद के लिए विविध कार्यक्रम चल रहे थे। विजयनगर के सभ्रान्त परिवारों को महाराज ने भोजन का आमंत्रण दिया था। कुछ पड़ोसी राजाओं को भी राजनयिक सम्बन्ध दृढ़ करने के उद्देश्य से महाराज ने निमंत्रण भेजा था।

तेनाली राम सहित सभी सभासदों को महाराज कृष्णदेव राय ने स्वलिखित आमंत्रण-पत्र भेजकर जन्मोत्सव समारोह के बाद अपने साथ रात्रि का भोजन करने का न्योता दिया था। सभासदों को राजभवन के द्वार पर पुष्पमाला पहनाकर ससम्मान भोजन कक्ष तक पहुँचाने की विशेष व्यवस्था की गई थी। रंग-बिरंगे परिधानों में सजी-धजी परिचारिकाएँ इधर-उधर मँडरा रही थीं। शाम ढल चुकी थी। शरद पूर्णिमा की चाँदनी का उजास फैला हुआ था। राजभवन की बगिया में लगी रजनीगन्धा की भीनी-भीनी सुगन्ध से वातावरण मह-मह कर रहा था। तभी राजभवन के द्वार पर एक विचित्र-सा शोर उभरने लगा। प्रहरी एक भिखमंगे को राजभवन के द्वार से धक्का देकर दूर भगाने में लगे थे और वह भिखमंगा सदृश व्यक्ति चीख-चीखकर बोल रहा था, "मुझे मत भगाओ। मुझे राजभवन के भोजन कक्ष तक पहुँचा दो। मैं भिखमंगा नहीं हूँ। मैं महाराज का आमंत्रित अतिथि हूँ। मुझे निरादृत मत करो। मैं पंडित हूँ। काव्यशास्त्र का ज्ञाता हूँ। मेरे साथ उचित व्यवहार करो।"

शोर सुनकर महाराज स्वयं राजभवन से बाहर आए और उचटती-सी दृष्टि उस व्यक्ति पर डाली तथा प्रहरियों से कहा, "इस आदमी को थोड़ा भोजन देकर यहाँ से दूर भगाओ। अतिथियों के आने का समय हो रहा है।"

शोर करनेवाले व्यक्ति ने महाराज की ओर देखा और मुस्कुराया। चाँदनी के उजास में महाराज को उसकी मुस्कान पहचानी-सी लगी। मगर महाराज आयोजन की हड़बड़ी में थे इसलिए उस व्यक्ति पर अधिक ध्यान नहीं दिया और राजभवन में चले गए। प्रहरी उस व्यक्ति को भगाते, उससे पहले ही वह व्यक्ति बिना कुछ बोले वहाँ से चला गया। थोड़ी ही देर में महाराज के आमंत्रित अतिथियों का आगमन होने लगा। एक से बढ़कर एक परिधान में सजे-धजे लोगों के आने का क्रम थोड़ी देर तक जारी रहा फिर थम सा गया। राजभवन के भोजन-कक्ष में लोगों की सज-धज देखकर ऐसा लगता था मानो कुबेर के कक्ष में देवताओं की जमघट लगी हो!

महाराज स्वयं अतिथियों को आसन ग्रहण करने के लिए उनके लिए निर्धारित आसनों की ओर इंगित कर रहे थे। सभी आसन भर चुके थे, मात्र तेनाली राम का आसन रिक्त था। महाराज बार-बार उस रिक्त आसन की ओर देखते और फिर प्रवेश द्वार की ओर उनकी दृष्टि जाती। मन-ही-मन महाराज को तेनाली राम की अनुपस्थिति उत्तेजित कर रही थी। वे सोच रहे थे—कितना ढीठ है यह तेनाली राम! उसे यह ज्ञान है कि भोजन किसके सान्निध्य में करना है फिर भी वह निर्धारित समय पर नहीं आया। लेकिन मन में उठते आक्रोश को पी जाने के अलावा महाराज कर भी क्या सकते थे। वहाँ उपस्थित सभासदों को तेनाली राम की अनुपस्थिति से उसके विरुद्ध आग उगलने का अवसर मिल गया। वे आपस में तेनाली राम की अनुपस्थिति का मजाक उड़ाने लगे। कोई कहता—तेनाली राम अपनी पगड़ी की तहें सजाने में लगा होगा, तो कोई कहता—अरे भाई, तेनाली राम अपनी रेशमी धोती का फेंटा कसने में लगा होगा। फेंटा कस ले, तो आएगा...और इस तरह की बातें खत्म भी नहीं हो पातीं कि सभी ही-ही, ही-ही करने लग जाते।

अन्ततः तेनाली राम ने भोजन-कक्ष में प्रवेश किया। सचमुच, बहुत आकर्षक परिधान में सजा-धजा था तेनाली राम। महाराज ने उसकी ओर आग्नेय दृष्टि से देखा मगर कुछ कहा नहीं। दृष्टिमात्र से ही उन्होंने तेनाली

राम के प्रति अपना आक्रोश अभिव्यक्त कर दिया। बड़े और सामर्थ्यवान लोग परिस्थिति विशेष में अपनी आंगिक भंगिमाओं से ही अपने मनोभावों को व्यक्त करते हैं। महाराज के मनोभावों को समझते हुए तेनाली राम ने महाराज के सामने हाथ जोड़ लिये और कहा, ''महाराज! क्षमा करें। यहाँ समय पर उपस्थित नहीं हो पाया।''

महाराज आक्रोश में तो थे ही, तेनाली राम का अनुनय सुनकर उनकी उत्तेजना शान्त न रह सकी और व्यंग्योक्ति में प्रकट हुई, ''हाँ, देख रहा हूँ, आपका कुर्ता बहुत चमक रहा है।''

महाराज की व्यंग्योक्ति सुनकर सारे अतिथि-सभासद ठठाकर हँस पड़े। तेनाली राम ने इसी ठहाके के बीच अपना आसन ग्रहण किया। तेनाली राम की ओर महाराज ने देखा तो उसे अतिशय गम्भीर पाया। महाराज सोचने लगे कि तेनाली राम के प्रति उन्हें व्यंग्योक्तियों का व्यवहार नहीं करना चाहिए था। क्या पता, किस परिस्थिति में था वह! बिना जाने-समझे इस तरह का व्यवहार किसी राजा के लिए कदापि शोभनीय नहीं है। यह तो उच्छृंखलता है। हो सकता है कि तेनाली राम किसी संकट में पड़ गया हो जिसके कारण वह समय पर नहीं पहुँच पाया।

अभी महाराज ऐसा सोच ही रहे थे कि उनकी आँखों में विस्मय के भाव गहरा गए। उन्होंने देखा कि भोजन स्थल पर तेनाली राम केवल धोती पहने, नंगे बदन बैठा हुआ है और उसकी पगड़ी, कुर्ता, फतूहा, गमछा, अंगवस्त्रम् भोजन की थाली के चतुर्दिक् रखे हुए हैं। सभासद तेनाली राम की ओर देख-देखकर मुस्कुरा रहे हैं और आँखों ही आँखों में बतिया रहे हैं कि तेनाली राम का सिर फिर गया है।

भोजन परोसा जा चुका था। तेनाली राम की ओर सारे सभासद देख रहे थे। तेनाली राम ने भोजन का एक निवाला उठाया और कुर्ते पर रखते हुए कहा, ''कुर्ता! तू खा।'' फिर पगड़ी पर एक निवाला रखा और कहा, ''पगड़ी! तू खा।'' अंगवस्त्रम् पर एक निवाला रखा और कहा, ''अंगवस्त्रम्! तू खा।''

तेनाली राम का यह कृत्य महाराज की समझ में नहीं आया तब उन्होंने तेनाली राम को घूरते हुए कहा, ''तेनाली राम! तुम्हें हो क्या गया है? भोजन के साथ तुम यह क्या कर रहे हो? अपने वस्त्र तुमने क्यों उतार दिये?''

एक सभासद ने कहा, "तेनाली राम का सिर फिर गया है।"

दूसरे उसकी हाँ में हाँ मिलाने लगे और कहने लगे, "कहीं कुर्ता भी भोजन करता है। यह बावलापन नहीं तो और क्या है?"

तेनाली राम उनकी बातों को अनसुनी करते हुए अपने काम में लगा रहा—कुर्ता! तू खा। अँगरखा! तू खा। अंगवस्त्रम्! तू खा। पगड़ी! तू खा।"

महाराज से रहा नहीं गया। उन्होंने टोका, "बावले मत बनो तेनाली राम। भोजन करो। तुम्हें यहाँ भोजन के लिए बुलाया गया है।"

तेनाली राम ने महाराज की ओर देखा फिर अन्य अतिथियों की ओर, फिर कहा, "महाराज! जिसे राजभवन में भोजन के लिए प्रवेश मिला, उसी को तो खिला रहा हूँ!"

"भोजन के लिए तो तुम्हें आमंत्रण दिया गया था, इसलिए भोजन के लिए प्रवेश तुम्हें ही मिला है। तुम भोजन करो! एक तो विलम्ब से आए हो, अब और विलम्ब न करो।" महाराज ने कहा।

"मैं विलम्ब से नहीं आया महाराज! मैं तो यहाँ सबसे पहले आया था। विलम्ब से तो यह पगड़ी, कुर्ता आदि परिधान पधारे हैं!"

"उलझी बातें मत करो, तेनाली राम! कहो, जो कुछ भी कहना है मगर साफ-साफ!" महाराज ने कहा।

तेनाली राम ने कहना शुरू किया, "महाराज! मैं तो शाम ढलते ही यहाँ पहुँच गया था। मैंने ये परिधान नहीं पहने थे। साधारण कपड़ों में देखकर मुझे प्रहरियों ने द्वार पर ही रोक लिया। मैं उन्हें समझाता रहा कि मैं पंडित हूँ, मैं काव्यशास्त्री हूँ, मैं यहाँ का आदरणीय आमंत्रित अतिथि हूँ मगर उन्होंने मेरी एक न सुनी। शोर सुनकर आप स्वयं वहाँ आए मगर मेरी पुकार सुनने की आवश्यकता आपने नहीं समझी और मुझे भोजन देकर द्वार से ही भगा देने का निर्देश देकर लौट आए...।"

महाराज को सन्ध्या की घटना की स्मृति हो आई।

तेनाली राम ने अपनी बात जारी रखी, "...और महाराज, मुझे यहाँ आना ही था इसलिए मैं अपने घर गया और ये वस्त्र धारण किए, फिर मैं यहाँ आया।"

महाराज कृष्णदेव राय अचरज में डूबे तेनाली राम की बातें सुन रहे थे। तभी एक सभासद ने कहा, "तेनाली राम! आप जैसे बुद्धिमान व्यक्ति से

ऐसी आशा नहीं की जा सकती कि वह ऐसी भूल करेगा। आप राजभवन में आमंत्रित थे। राजभवन की अपनी एक मर्यादा है। राजभवन में यदि आप फकीरों जैसे वस्त्र में आएँगे तब भला कौन प्रहरी आपको राजा का अतिथि स्वीकार करेगा? आपके साथ जो कुछ भी हुआ, उसके लिए दोषी आप हैं।''

तेनाली राम ने मुस्कुराते हुए कहा, ''जी हाँ, आप ठीक कह रहे हैं। परिवेश और परिस्थिति का ध्यान रखते हुए परिधान का उपयोग अवश्य करना चाहिए। यही तो मैंने राजसभा में कुछ दिन पहले कहा था–स्मरण करें महाराज!" तेनाली राम ने महाराज से सीधा संवाद किया। "आपको अवश्य स्मरण होगा कि तब परिधान के स्थान पर व्यक्ति के आन्तरिक गुणों को महत्त्वपूर्ण बताते हुए मुझे अपने विचारों में संशोधन के लिए प्रेरित किया गया था...।''

महाराज ने तेनाली राम को गले से लगाते हुए कहा, ''तुम ठीक कह रहे थे, तेनाली राम...उस दिन भी!''

•

स्वर्ण-पिंडों की पहेली

"पृथ्वी का कण-कण हर क्षण एक नई रचना करने में निमग्न है। वायु सतत सन-सन-सन कर सृष्टि में मस्ती का संचार करती रहती है। सूर्य उदित होकर संसार को उजास से भरता है और गतिशील होने के लिए ऊष्मा प्रदान करता है। नदियाँ कल-कल, छल-छल के निनाद के साथ बहती हुई जिधर से निकलती हैं उधर धरती में बीज अंकुरित करने की शक्ति भरती जाती हैं।...इनमें से कोई अपने कार्य का न तो मूल्य माँगता है और न कभी किसी से किसी तरह की बाधा या अड़चनें आने की बात कहकर थोड़ा विश्राम करने की इच्छा व्यक्त करता है। कार्यों की निरन्तरता ही जीवन की सफलता की कुंजी है।"

महाराज कृष्णदेव राय अपने सभासदों के साथ बैठे हुए थे। दरबार लगा हुआ था। तेनाली राम अपने आसन के पास खड़ा होकर बोल रहा था। उसकी बातें समाप्त होते ही कृष्णदेव राय ने अपने आसन से उठकर तालियाँ बजाईं और तेनाली राम को गले से लगा लिया।

उस समय दरबार में 'जीवन में सफल होने के उपाय' विषय पर सम्भाषण हो रहा था। कई दरबारी आए और बोले। बड़ी-बड़ी शास्त्रीय बातें होती रहीं। अन्तिम वक्ता के रूप में तेनाली राम ने बहुत कम शब्दों में अपनी बातें दरबार में रखीं और महाराज ने उसे विजेता घोषित कर दिया।

विजयनगर के दरबार में इससे पहले भी ऐसे कई अवसर आ चुके थे जब तेनाली राम की बुद्धि की सराहना महाराज ने मुक्त कंठ से की थी। दरबारियों में तेनाली राम की मेधा की चर्चा होने लगी थी मगर कुछ सभासदों का विचार था कि तेनाली राम में कोई पांडित्य नहीं है बल्कि वह एक सामान्य-सा इनसान है इसलिए वे उसकी प्रशंसा करने के स्थान पर

अवसर विशेष पर आलोचना करने लगते थे। मीन-मेख निकालते हुए तेनाली राम की विशेषताओं को स्वीकार करने के स्थान पर उसमें दोष निकालते। स्थिति ऐसी बनती जा रही थी कि विजयनगर के महाराज की सभा में तेनाली राम से ईर्ष्या करनेवाले सभासदों का एक वर्ग तैयार होता जा रहा था जिसका एकमात्र काम यह था कि जब भी अवसर मिले, महाराज के सामने तेनाली राम की शिकायत की जाए।

अपने विरुद्ध ईर्ष्यावश हो रहे इस तरह के कार्यों का ज्ञान तेनाली राम को था किन्तु वह इसे सहज मानवीय प्रवृत्ति के रूप में लेता था तथा किसी भी सभासद के विरोधी आचरण पर उत्तेजित नहीं होता था।

एक बार विजयनगर के महामंत्री के घर पर पौत्र जन्मने के अवसर पर एक भोज का आयोजन हुआ। वर्षों की प्रतीक्षा और मन्नतों के बाद अपने पौत्र के जन्म से महामंत्री की खुशियों का ठिकाना नहीं था। उन्होंने भोज का इतना भव्य आयोजन किया था कि उसकी तुलना विजयनगर में हुए किसी भी अन्य भोज से नहीं की जा सकती। रसोई तैयार करने के लिए विभिन्न पड़ोसी राज्यों से विशिष्ट रसोइए बुलाए गए थे। उनके बनाए व्यंजनों की सुगन्ध से महामंत्री के आवास से दूर-दूर तक का वातावरण महमहा उठा। इस भोज में महामंत्री ने महाराज कृष्णदेव राय और विजयनगर के सभी सभासदों को भी आमंत्रित किया था।

भोजन करने के बाद महाराज ने महामंत्री से पौत्र का मुँह दिखाने को कहा। महाराज के साथ सभी सभासद नवजात शिशु को देखने के लिए महल के अन्तःकक्ष में गए।

बच्चा एक सुन्दर से खटोले पर रखा गया था। छः दिनों की वय का शिशु प्रायः सोया रहता है। महाराज जब शिशु के पालने के पास गए तब उन्होंने महामंत्री से कहा, "महामंत्री जी! इस बात का ध्यान रखा जाए कि बालक की नींद में कोई व्यवधान न पड़े। नवजात शिशु जितनी चैन की नींद सोएगा, उसका शारीरिक एवं मानसिक विकास उतने ही अच्छे ढंग से होगा।"

पास खड़े एक अन्य सभासद ने महाराज की हाँ में हाँ मिलाते हुए कहा, "जी हाँ, महामंत्री जी! ऐसे भी शिशु की नींद में दो ही कारणों से व्यवधान उत्पन्न होता है–पहला यह कि शिशु को भूख लगती है और दूसरा यह कि

वह बिस्तर गीला करता है। यदि आपकी बहू सतर्क रहे, शिशु को समय पर दूध पिलाती रहे और बिस्तर गीला होते ही उसके अधोवस्त्र बदल दे तो शिशु की नींद में कोई अड़चन नहीं आएगी।''

महामंत्री इन लोगों की बातें मुस्कुराते हुए सुनते रहे।

इसी बीच वहाँ तेनाली राम पहुँचा और पालने पर झुककर बच्चे को देखने लगा। पालने में सोया शिशु कुनमुनाया फिर जगकर अपने हाथ-पैर उछालने लगा। उसे देखकर तेनाली राम ने महामंत्री से कहा, ''यह बालक तेजस्वी है और आगे चलकर यह अपनी तेजस्विता से नए कीर्तिमान स्थापित करेगा। इसकी कीर्ति की गूँज दूर-दूर तक फैलेगी।''

महामंत्री ने एक मुग्ध दृष्टि उस शिशु पर डाली और फिर महाराज एवं सभासदों को विदा करने के लिए उनके साथ द्वार तक आए।

महाराज और सभासद जब राजभवन की ओर चलने को उद्यत हुए तभी एक सभासद ने व्यंग्यात्मक स्वर में महाराज से कहा, ''देखा महाराज, तेनाली राम किस तरह महामंत्री को प्रभावित कर रहा था! आप ही सोचिए महाराज कि भला एक नवजात को देखकर यह कैसे कहा जा सकता है कि वह भविष्य में क्या करेगा? तेनाली राम ने तो महामंत्री जी के पौत्र को ऐसा तेजस्वी बता दिया जिसकी कीर्ति की गूँज दूर-दूर तक सुनी जाएगी!''

महाराज के कान खड़े हो गए इस सभासद की बात सुनकर। महाराज भी सोचने लगे कि जरूर तेनाली राम ने महामंत्री को खुश करने के लिए यह बात कही है...तो क्या तेनाली राम महामंत्री के साथ साँठ-गाँठ कर किसी कारनामे को अंजाम देने के चक्कर में है? क्या तेनाली राम कुछ ऐसा कर सकता है जिससे विजयनगर की सत्ता पर आँच आए...? महाराज के मन में तरह-तरह की आशंकाएँ पैदा होने लगीं। जरा सी बात पर महाराज के मन में उत्पन्न हुई इस आशंका ने महाराज को बेचैन कर दिया। ठीक ही कहा गया है कि सत्ता का स्वभाव सन्देह करना भी है। महाराज ने मन-ही-मन तय कर लिया कि जब तक वे तेनाली राम की आन्तरिक भावनाओं को समझ नहीं लेते तब तक चैन से नहीं बैठेंगे और न ही तेनाली राम पर विश्वास ही करेंगे। प्रकट रूप से महाराज ने अपना व्यवहार पूर्ववत् रखा।

इस घटना के कुछ दिन व्यतीत हो जाने के बाद एक सन्ध्या महाराज कृष्णदेव राय अपनी फुलवारी में तेनाली राम के साथ टहल रहे थे।

टहलते-टहलते महाराज ने अचानक तेनाली राम से पूछा, "तेनाली राम! उस दिन तुमने किस आधार पर महामंत्री से कहा कि उनका पौत्र बहुत तेजस्वी होगा?"

तेनाली राम ने हँसकर कहा, "अरे वो बात!...बस, ऐसे ही महाराज! मेरी दृष्टि बालक के गतिशील पैरों पर पड़ी। उसके पैरों की सशक्त लययुक्त गतिशीलता से मुझे लड़के की सुगढ़ मानसिक संरचना का अनुमान हुआ और बरबस ही वह बात मेरे मुँह से निकल गई।"

महाराज मौन हो गए लेकिन उनका हृदय अभी भी आशंकित था। थोड़ी देर के बाद उन्होंने तेनाली राम को विदा किया और स्वयं महल में चले गए।

इस घटना के भी कई दिन गुजर गए। तेनाली राम के मन में कोई बात थी ही नहीं। वह अपनी सहज, स्वाभाविक शैली में सभा में आता। सभा की कार्रवाई में भाग लेता और लौट जाता।

एक दिन महाराज कृष्णदेव राय की सभा में एक व्यक्ति आया और महाराज के सामने एक बक्सा रखकर बोला, "महाराज! मैं चन्द्रावती नगर का एक व्यापारी हूँ। मेरा नाम सोमदत्त है। मुझे व्यापार में घाटा लगा है। मेरा सारा धन समाप्त हो चुका है। बस, मेरे पास स्वर्ण-निर्मित दो गोले शेष हैं।" इतना कहकर उस व्यापारी ने वह बक्सा खोल दिया।

सभासदों की आँखें यह देखकर विस्मय से फैल गईं कि बक्से में गेंद की आकृति के दो स्वर्ण-पिंड रखे हुए हैं।

उस व्यापारी ने अपनी बात जारी रखी, "महाराज! इन दो स्वर्ण-पिंडों में से एक स्वर्ण-पिंड ठोस है और दूसरा खोखला है। आपके दरबार में मैं इन स्वर्णपिंडों को एक स्थान पर लटका दूँगा, जहाँ इसे आपके सभी सभासद देख सकें। यदि आपके दरबार का कोई सभासद बिना इन पिंडों के निकट आए, बिना इन पिंडों को छुए यह बता देगा कि इनमें से कौन-सा पिंड ठोस है अथवा कौन-सा पिंड खोखला है तो मैं उसे ये दोनों पिंड मुफ्त में देकर चला जाऊँगा और यदि यहाँ उपस्थित कोई भी व्यक्ति ऐसा नहीं कर सकेगा तब आपको मुझे इन दोनों स्वर्ण-पिंडों के वजन के बराबर स्वर्ण दान करना होगा।"

महाराज ने इस विचित्र प्रस्ताव को सुनने के बाद सभासदों की ओर उनका मन्तव्य जानने के उद्देश्य से देखा।

तभी एक सभासद ने अपने आसन से उठकर कहा, "महाराज! व्यापारी सोमदत्त का प्रस्ताव स्वीकार कर लेने में कोई बुराई नहीं है। आपको स्मरण होगा कि हमारे बीच ऐसे विद्वान भी हैं जो एक शिशु को देखकर अभी से उसकी कीर्ति पताका विश्व में लहराने का दावा कर सकते हैं...यह तो साधारण से स्वर्ण-पिंडों की पहेली है। इसे भी यहाँ आसानी से हल करने की योग्यता उनमें अवश्य होगी।"

यह वही सभासद था जिसने तेनाली राम के विरुद्ध महाराज के मन में आशंका के बीज बोए थे।

सभाकक्ष में बैठा तेनाली राम उस सभासद की बात सुनकर चौकन्ना हो गया। वह समझ गया कि महाराज ने कुछ दिन पूर्व उससे महामंत्री के पौत्र के प्रति की गई भविष्यवाणी के बारे में क्यों पूछा था। जरूर इसी ने महाराज के कान भरे थे और आज भी यह महाराज को मेरे विरुद्ध भड़का रहा है। तेनाली राम ने तत्क्षण ही अपने मन में संकल्प ले लिया कि चाहे जो हो, वह इस चुनौती को स्वीकार करेगा।

महाराज को भी तेनाली राम की बातें याद हो आईं। उन्होंने इसे प्रकट नहीं होने दिया और व्यापारी से कहा, "व्यापारी सोमदत्त, आप आज हमारी अतिथिशाला में विश्राम करें। कल जब सभा लगेगी तब आपके प्रस्ताव पर विचार किया जाएगा।"

व्यापारी को महाराज ने अतिथिशाला में भेज दिया। सभा विसर्जित होने के बाद महाराज ने तेनाली राम को बुलाकर कहा, "तेनाली राम! तुम्हें अब इस व्यापारी की शर्त के अनुसार उसकी पहेली को हल करना होगा। ऐसा नहीं होने पर राज्य की बड़ी बदनामी होगी। इसलिए आज रात भर सोच-विचार लो। कल सभा की कार्रवाई शुरू होते ही तुम्हें स्वर्ण-पिंडों की पहेली हल करनी होगी।"

"जैसी आज्ञा महाराज!" तेनाली राम ने संक्षिप्त सा उत्तर दिया और अपने घर लौट आया। उसे स्वर्ण-पिंडों को लेकर कोई तनाव नहीं था।

दूसरी ओर सभा में तेनाली राम से ईर्ष्या रखनेवाले सभासदों में इस बात की खूब चर्चा हो रही थी कि तेनाली राम आज फँस ही गया। स्वर्ण-पिंडों की पहेली हल करने के लिए अब यह तय है कि महाराज उससे ही कहेंगे। यह पहेली हल होनेवाली होती तो वह व्यापारी इतना सोना दाँव पर नहीं

लगाता! अब आएगा आनन्द! तेनाली राम की विद्वत्ता की कलई इस बार खुलनी तय है। बड़ा ज्ञानी बना फिरता है...।"

दूसरे दिन नियत समय पर विजयनगर के राजप्रासाद में सभासद एकत्रित हुए। व्यापारी सोमदत्त भी आया। महाराज भी पधारे। तेनाली राम का कहीं पता न था। महाराज मन-ही-मन बेचैन हो उठे। आशंकित और संशययुक्त मन से महाराज विचार कर रहे थे कि कहीं पहेली हल न होने के भय से तेनाली राम आया ही नहीं तो वे क्या करेंगे? अभी ऊहापोह के बादल छँटे नहीं थे। सभासदों में भी बेचैनी थी।

व्यापारी सोमदत्त ने महाराज से पूछा, "महाराज! 'स्वर्ण-पिंडों की समस्या का हल?'

महाराज ने उत्तर दिया, "तनिक प्रतीक्षा करो।"

व्यापारी अपने आसन पर बैठ गया। सभाकक्ष में फुसफुसाहटें तेज हो गईं। महाराज असमंजस में थे और सिंहासन पर बैठे बार-बार पहलू बदल रहे थे कि अचानक उनकी दृष्टि सभा में प्रवेश कर रहे तेनाली राम पर पड़ गई और उन्होंने राहत की साँस ली।

जब तेनाली राम अपनी जगह पर बैठ गया तो महाराज ने व्यापारी सोमदत्त से कहा, "सोमदत्त! अब तुम अपनी समस्या सभासदों के बीच रखो।"

सोमदत्त ने पुनः दोनों स्वर्ण-पिंडों के बारे में अपनी बातें सभा में दुहरा दीं।

महाराज ने सभा में घोषणा की, "इस समस्या के समाधान के लिए यदि कोई सभासद स्वयं आगे आना चाहता हो तो आए अन्यथा इस समस्या का समाधान तेजस्वी तेनाली राम करेंगे।" महाराज ने तेनाली राम के नाम के साथ 'तेजस्वी' विशेषण जान-बूझकर जोड़ा था।

एक भी सभासद समस्या के समाधान के लिए नहीं आया तब महाराज ने तेनाली राम से कहा, "तेनाली राम! आगे आओ और व्यापारी सोमदत्त द्वारा बताई गई समस्या को हल करो!"

"महाराज! व्यापारी सोमदत्त से कहें कि वे स्वर्ण-पिंडों को अपनी इच्छा के अनुसार जहाँ चाहें लटका दें। मैं उनकी समस्या का समाधान करने के लिए प्रस्तुत हूँ।"

महाराज ने सोमदत्त को स्वर्ण-पिंडों को कहीं लटकाने का निर्देश दिया।

व्यापारी सोमदत्त ने उन स्वर्ण-पिंडों को महाराज और सभासदों के आसनों के मध्य के खुले स्थान में, दीवार पर दो कीलें ठोककर अलगनी जैसी संरचना एक रस्सी के सहारे तैयार कर ली तथा उस अलगनी में उसने दोनों स्वर्ण-पिंडों (जिनके सिरों पर सोने का ही चेन लगा था) को लटका दिया और तेनाली राम की ओर देखकर कहा, ''अब आपकी बारी है, तेनाली राम जी।''

तेनाली राम ने अपने आसन से बिना हिले-डुले कहा, ''महाराज! एक बार फिर सभासदों और व्यापारी से पूछ लें कि कोई भी सभासद चाहे तो व्यापारी के प्रश्न का उत्तर दे दे। व्यापारी चाहे तो अपना प्रस्ताव वापस ले ले। मैं सबको पुनर्विचार का एक अवसर देना चाहता हूँ।''

तेनाली राम की बातें सुनकर सभासदों को लगा कि तेनाली राम स्वर्ण-पिंडों की पहेली हल करने में असमर्थ है और वह किसी तरह अपना पिंड छुड़ाना चाहता है। सभा में फुसफुसाहटें उभरीं और शान्त हो गईं।

व्यापारी ने घोषणा की, "वह अपने प्रस्ताव की वापसी नहीं चाहता है।"

अन्ततः तेनाली राम ने अपने आसन पर बैठे-बैठे ही ऊँचे स्वरों में कहा, ''महाराज! आपकी बाईं भुजा की ओर टँगा स्वर्ण-पिंड ठोस है और दाईं भुजा की ओर टँगा स्वर्ण-पिंड खोखला है।''

तेनाली राम का स्वर इतना तेज था कि उसे सभी सभासदों ने सुना।

व्यापारी सोमदत्त के चेहरे पर हवाइयाँ उड़ने लगीं। फिर भी उसने तेनाली राम से कहा, "यह दाएँ-बाएँ कहने से समस्या का सही हल नहीं हो सकता। आप ठोस पिंड के पास पहुँचकर बताएँ कि यह ठोस है।"

तेनाली राम तत्परता से अपने आसन से उठा और महाराज के बाईं तरफ के पिंड के पास पहुँचकर कहा, ''महाराज! यह स्वर्ण-पिंड ठोस है।''

''क्यों, व्यापारी सोमदत्त। तेनाली राम का हल सही है?'' महाराज कृष्णदेव राय ने पूछा।

''जी हाँ, महाराज!'' ऐसा कहकर व्यापारी ने दोनों स्वर्ण-पिंड उतारे और उसे मंजूषा में रखकर महाराज को सौंप दिया, ''महाराज! अब इन स्वर्ण-पिंडों पर मेरा कोई अधिकार नहीं है।''

महाराज ने स्वर्ण-पिंडों वाली मंजूषा थामते हुए कहा, ''हाँ, अब इन स्वर्ण-पिंडों पर तेनाली राम का अधिकार है।''

व्यापारी सोमदत्त भारी कदमों से महाराज की सभा से चला गया और महाराज ने तेनाली राम को स्वर्ण-पिंडों वाली मंजूषा सौंपते हुए कहा, "यह तुम्हारी मेधा का पुरस्कार है। इसका उपयोग अपनी और स्वजन-परिजनों की भलाई के लिए करना।"

सभा विसर्जित होने के पश्चात् महाराज कृष्णदेव राय ने तेनाली राम से पूछा, "तेनाली राम! तुमने पिंडों का रहस्य कैसे सुलझा लिया? दोनों पिंड बिलकुल एक जैसे थे, फिर उन्हें छुए बिना तुमने कैसे जान लिया कि इनमें से ठोस कौन है और कौन-सा पिंड खोखला है?"

तेनाली राम ने हँसते हुए कहा, "इसमें कोई रहस्य सुलझाने जैसी बात नहीं है महाराज! खोखला पिंड हल्का होता है और ठोस पिंड भारी। पृथ्वी की गुरुत्वाकर्षण शक्ति हर वस्तु को अपनी ओर खींचती है। अलगनी पर चेन से लटकाए गए दोनों पिंडों को मैंने गम्भीरता से देखा। ठोस पिंड को लटकानेवाले चेन में तनाव अधिक था तथा रस्सी के उस भाग में खिंचाव भी अधिक था जिस भाग में ठोस स्वर्ण-पिंड लटकाया गया था। इस खिंचाव के कारण ठोस पिंड थोड़ा नीचे आ गया था। खोखला पिंड थोड़ा ऊपर था और उसे लटकानेवाली जंजीर में वैसा तनाव भी नहीं था जैसा कि ठोस पिंड लटकानेवाली जंजीर में था।"

उस दिन महाराज ने फिर तेनाली राम को अपने आलिंगन में ले लिया और बोले, "तेनाली राम! तुम सचमुच बुद्धिमान हो।"

मित्र की पहचान

महाराज कृष्णदेव राय आमोद प्रिय व्यक्ति थे। उल्लास के सामान्य अवसरों पर भी महाराज उत्सव मनाते थे। उनके इस स्वभाव के कारण विजयनगरवासी प्रसन्न रहा करते थे। कहा भी गया है– जैसा राजा, वैसी प्रजा।

एक बार, नव वर्ष के शुभागमन पर महाराज कृष्णदेव राय ने अपने मित्रों को बुलावा भेजा। महाराज की इच्छा थी कि इस बार नववर्ष समारोहपूर्वक मनाया जाए। समारोह में उन्होंने पड़ोसी राज्यों के नरेशों को भी आमंत्रण भेजा। नववर्ष के अवसर पर होनेवाले समारोह में राज्य भर के कलाकारों को अपनी कला के प्रदर्शन का अवसर देने का निश्चय कर महाराज ने वैसी व्यवस्था भी करवा ली।

समारोह के लिए अतिथियों का आना प्रारम्भ हो गया। पड़ोसी राज्यों के दो नरेश समारोह के दो दिन पहले ही पहुँच चुके थे। महाराज ने इन दोनों नरेशों को अतिथिशाला में नहीं ठहराया बल्कि उन दोनों नरेशों के लिए राजमहल के ही दो कक्षों को सजाया गया था। दोनों नरेश उन्हीं कक्षों में ठहरे थे। इनमें से एक नरेश का नाम था–प्रसेनजित तथा दूसरे का नाम था–वज्रबाहु! महाराज कृष्णदेव राय का बचपन इन दोनों के साथ व्यतीत हुआ था। गुरुकुल के दिनों में महाराज कृष्णदेव राय के साथ ही इन दोनों ने शिक्षा ग्रहण की थी। एक ही गुरुकुल, एक ही गुरु।

अतिथि-प्रेमी होने के कारण महाराज कृष्णदेव राय ऐसे भी अपने महल में आनेवालों का खूब सत्कार किया करते थे। अब जब उनके दो बाल-सखा पधारे हों तो उनके स्वागत-सत्कार में कोई कमी कैसे रह सकती थी! महाराज लगातार अपने इन दोनों अतिथियों के पास ही बने रहते। कभी मित्रों के साथ चौसर खेलते तो कभी घुड़सवारी के लिए निकल जाते।

दो दिन ऐसे ही बीत गए। नववर्ष समारोह का दिन आ गया। पिछले दो दिनों तक अपने मित्रों की आवभगत में लगे रहने के कारण महाराज को इस बात का कोई ज्ञान नहीं था कि मुख्य समारोह की क्या तैयारियाँ हुई हैं और क्या बाकी हैं। ऐसा पहले कभी नहीं हुआ था कि महाराज मुख्य आयोजन के सन्दर्भ में स्वयं कोई रुचि न दिखाएँ।

महाराज के विशिष्ट सभासद भी महाराज के इस आचरण से अचम्भित थे। जिस दिन नववर्ष का मुख्य समारोह आयोजित होनेवाला था, उस दिन प्रातःकाल में महाराज के मुख्य सभासदों और विश्वसनीय माने जानेवाले लोगों ने मिलकर तय किया कि आज वे लोग महाराज से मिलने महल में जाएँगे तथा महाराज से आग्रह करेंगे कि वे समारोह की तैयारियाँ देख लें।

सुबह महाराज अभी बिस्तर से उठे ही थे कि उन्हें प्रहरी ने सूचना दी कि महाराज से मिलने के लिए सभासदों का विशिष्ट मंडल आया हुआ है। महाराज ने प्रहरी को निर्देश दिया कि वह उन लोगों को बाहरी कक्ष में बैठाए और प्रतीक्षा करने के लिए कहे।

थोड़ी ही देर के बाद महाराज कृष्णदेव राय अपने कपड़े बदलकर वहाँ पहुँच गए जहाँ उनकी प्रतीक्षा में सभासद बैठे हुए थे। इन सभासदों में तेनाली राम भी था।

महाराज को सभी सभासदों ने समारोह की तैयारियों के विषय में जानकारियाँ दीं और उन्हें समारोह स्थल पर चलने को कहा।

अभी महाराज अपने सभासदों की बातों का कोई उत्तर भी नहीं दे पाए थे कि महाराज के भवन में आतिथ्य प्राप्त कर रहे उनके मित्र प्रसेनजित ने कक्ष में प्रवेश किया।

एक ऐसे कक्ष में जहाँ कोई राजा अपने विशिष्ट सभासदों के साथ विचार-विमर्श या मंत्रणा कर रहा हो वहाँ इस प्रकार बिना सूचना दिए प्रवेश कर जाना अशिष्टता समझी जाती थी। सभासद चौंक पड़े और प्रश्नसूचक दृष्टि से प्रसेनजित की ओर देखने लगे।

महाराज ने भाँप लिया कि कक्ष में इस तरह प्रसेनजित का आना सभासदों को पसन्द नहीं आया। इसे उनके राज्य में, स्वयं उनके महल में अशिष्टता माना जाता है। लेकिन प्रसेनजित को वे कुछ कह भी नहीं सकते

थे। बात बिगड़े नहीं इसलिए उन्होंने मुखर होते हुए कहा, "आओ भाई प्रसेनजित, अपना आसन सँभालो। ये लोग मेरे विशिष्ट सलाहकार हैं और आज नववर्ष समारोह के कार्यक्रम तय करने पधारे हैं।" थोड़ी देर चुप रहने के बाद महाराज ने अपने सभासदों से कहा, "और ये हैं–प्रसेनजित! कलिंग के महाराजा। मेरे गुरु-भाई और बाल-सखा।"

तेनाली राम ने देखा कि प्रसेनजित की चाल में एक दर्प है। महाराज द्वारा परिचय दिए जाने पर जब सभासदों ने उसका अभिवादन किया तो प्रसेनजित ने अपनी गर्दन अकड़ा ली और उसे हलका-सा हिलाकर अभिवादन स्वीकार किया। तेनाली राम ने उसकी मुद्रा देखकर मन-ही-मन कहा–अरे! यह तो बड़ा दम्भी है।

प्रसेनजित ने सभासदों की उपेक्षा करते हुए महाराज कृष्णदेव राय से पूछा, "अरे कृष्णदेव! यह सुबह-सुबह दरबार लगाकर क्यों बैठ गए? समारोह की तैयारी देखना कब से राजाओं का कार्य हो गया? क्या तुम्हारे राज्य में ऐसे योग्यजनों का अभाव है जो समारोह की तैयारी कर सकें?"

महाराज कृष्णदेव राय ने झेंपते हुए अपने सभासदों से कहा, "आप लोग सक्षम हैं। जो भी आवश्यक लगे, कर लें। हम लोग समारोह देखने के लिए पहुँचेंगे।"

महाराज की झेंप को तेनाली राम ने भाँप लिया। वह समझ गया कि सभासदों के समक्ष प्रसेनजित का यह व्यवहार महाराज को भी अनुकूल नहीं लगा। मन-ही-मन तेनाली राम ने प्रसेनजित के आचरण की समीक्षा की और इस निष्कर्ष पर पहुँचा कि यह व्यक्ति भले ही राजा हो मगर है अशिष्ट। इसे सामान्य लोक-व्यवहार की भी समझ नहीं है।

अन्ततः महाराज के बिना ही सभी सभासद उठकर समारोह-स्थल की ओर प्रस्थान कर गए। जिस समय वे लोग कक्ष से बाहर जा रहे थे उसी समय प्रसेनजित ने सभासदों को सम्बोधित करते हुए कहा, "कुछ कार्य तुम लोग स्वयं कर लिया करो। आयोजन की व्यवस्था करना या उसका निरीक्षण करना राजाओं का कार्य नहीं होता।"

प्रसेनजित द्वारा आदेशात्मक स्वर में कही गई यह बात किसी भी सभासद को पसन्द नहीं आई। वर्षों से वे महाराज कृष्णदेव राय की सेवा

में हैं। कभी भी महाराज ने उनसे इस शैली में बातें नहीं कीं। वे सभी मन-ही-मन प्रसेनजित को कोसते हुए कक्ष से बाहर हो गए।

नववर्ष का रंगारंग कार्यक्रम शुरू हो चुका था। एक के बाद एक मंच पर कलाकार आते, अपनी कला का प्रदर्शन करते और लौट जाते। पहले बाल कलाकारों को कला प्रदर्शन का अवसर दिया गया, फिर पुरुष कलाकारों को और अन्त में महिला कलाकारों को। महिला कलाकारों में एक से बढ़कर एक नृत्यांगनाएँ मंच पर आती रहीं। नृत्य प्रस्तुत कर जाती रहीं।

तेनाली राम ने देखा कि दर्शकों की अगली पाँत में महाराज के साथ बैठा प्रसेनजित महिला कलाकारों की ओर बहुत ही लोलुप दृष्टि से देख रहा है। उसकी दृष्टि में छिपे अश्लील भाव को पहचानकर मन-ही-मन तेनाली राम क्षुब्ध हो उठा कि महाराज ऐसे व्यक्ति को अपना बाल-सखा कहते नहीं अघाते मगर तेनाली राम अपने स्थान पर बने रहने के लिए बाध्य था। इस अशिष्ट व्यक्ति को दंडित करने का अधिकार तो उसे कतई नहीं था। मगर प्रसेनजित के प्रति उसके मन में वितृष्णा का भाव अवश्य गहरा गया था।

मध्य रात्रि तक समारोह चलता रहा। समारोह के समापन के बाद महाराज अपने मित्रों के साथ भवन में चले गए।

सभासदों को घोर विस्मय हुआ कि महाराज ने अन्य अतिथियों से यह भी नहीं पूछा कि उन्हें समारोह में आनन्द आया या नहीं। 'शुभ रात्रि' कहने की औपचारिकता भी उन्होंने नहीं निभाई। तेनाली राम को महाराज के व्यवहार में आया यह परिवर्तन पसन्द नहीं आया। महाराज कृष्णदेव के दरबार में उसकी हैसियत मात्र एक विदूषक की थी। वह संशय में था कि महाराज को उनके आचरण में उत्पन्न हो रहे दोष के प्रति कैसे सचेत करे।

नववर्ष का समारोह सम्पन्न हो चुका था। अतिथि वापस लौट चुके थे। किन्तु महाराज राजकाज की सामान्य दिनचर्या में भाग नहीं ले रहे थे। कुछ आवश्यक होता तो सम्बन्धित कर्मचारी को राजभवन में बुलाकर ही निर्देश दे देते और फिर अपने दोनों मित्रों के साथ या तो चौसर खेलने में व्यस्त हो जाते या शिकार करने निकल जाते।

एक दिन उन्होंने किसी कार्यवश तेनाली राम को राजभवन में

बुलवाया। जो निर्देश देना था, दिए। जो बातें करनी थीं, कीं। अवसर देखकर तेनाली राम ने महाराज से कहा, "महाराज, बादल यदि बरसना बन्द कर दे तो धरती उर्वर नहीं रहती। हवा यदि बहना बन्द कर दे, सूर्य यदि चमकना बन्द कर दे तब प्रकृति का विनाश अवश्यम्भावी है। हवा, बादल, सूरज जिस तरह अपने कर्तव्य में सतत निमग्न रहते हैं उसी तरह प्रजापालक राजा को भी अपने कर्तव्य में लगा रहना चाहिए!"

महाराज कृष्णदेव राय चौंके। उन्होंने तेनाली राम की ओर प्रश्नसूचक दृष्टि से देखा। किसी राजा के इस तरह देखने का अर्थ होता है–अवश्यम्भावी दंड! मगर तेनाली राम के चेहरे पर रंचमात्र भी भय नहीं था।

महाराज ने कुपित स्वर में पूछा, "तुम्हारे कहने का आशय क्या है, तेनाली राम?"

"महाराज! आप अन्नदाता हैं। मेरी विनती है कि आप मेरे और विजयनगरवासियों के अन्नदाता बने रहें।"

महाराज कृष्णदेव राय की तनी भृकुटियों का तनाव तेनाली राम का उत्तर सुनकर थोड़ा कम हुआ; किन्तु तेनाली राम के कथन के निहितार्थ को समझते हुए वे उद्वेलित हो गए थे। उन्होंने आवेश-भरे स्वर में पूछा, "तुम्हें क्या लगता है, मैं अपने कर्तव्यों का निर्वाह नहीं कर रहा? राजकाज में व्यस्त रहना मात्र ही मेरी दिनचर्या होनी चाहिए? मेरे दो अभिन्न मित्र वर्षों बाद मिले हैं...मेरा उनके प्रति भी तो कुछ कर्तव्य है!"

तेनाली राम ने उनकी ओर विस्मय-भरी दृष्टि से देखा और अनायास उसके मुँह से निकला, "अभिन्न मित्र?"

"क्यों, तुम्हें कोई सन्देह है?" महाराज ने पूछा।

तेनाली राम मौन उनकी ओर देखता रहा।

"बोलो तेनाली राम, बोलते क्यों नहीं? बताओ कि ये दोनों मेरे मित्र हैं या नहीं? फिर इनके प्रति मेरा कोई दायित्व है या नहीं?"

"मित्र?" तेनाली राम ने महाराज की ओर फिर से प्रश्नात्मक दृष्टि डाली।

तेनाली राम की प्रश्नात्मक दृष्टि से महाराज विचलित हो गए और संशययुक्त वाणी में तेनाली राम से पूछने लगे, "बताओ तेनाली राम! क्या ये दोनों मेरे मित्र नहीं हैं? क्या तुम्हें इनकी मित्रता पर सन्देह है? क्या बात है, बिना डर के बोलो। तुम्हारे मन में इनके प्रति क्या धारणा है?"

महाराज के स्वर में जिज्ञासा थी। महाराज के बदले स्वर को सुनकर तेनाली राम के मन में विचार उत्पन्न हुआ कि सत्ता कितने आडम्बर से अपना दर्पपूर्ण चेहरा बनाए रखती है किन्तु सच का एक झोंका उसे जड़ से हिला देता है। यही महाराज कृष्णदेव राय अभी दो क्षण पहले अपनी मित्रता की बखान करते हुए अपने मित्रों के प्रति अपने कर्तव्य का उल्लेख कर रहे थे और अब वही महाराज कृष्णदेव राय संशययुक्त मन से पूछ रहे हैं, 'क्या वे मित्र नहीं हैं?' तेनाली राम ने स्थिति अनुकूल पाते हुए उसका लाभ उठाया और बोला, "महाराज! मित्र-अमित्र की पहचान मैंने नहीं की है किन्तु यदि आप चाहें तो वह भी कर सकता हूँ।"

"हाँ, तेनाली राम! मैं चाहता हूँ कि तुम मुझे बताओ कि इन दोनों में से मेरा सच्चा मित्र कौन हैं?" महाराज ने कहा।

"तो ठीक है महाराज!" तेनाली राम ने विश्वास-भरी दृष्टि से महाराज की आँखों में झाँकते हुए कहा, "आज रात्रि विश्राम मैं राजभवन में कर सकूँ, ऐसी व्यवस्था करा दें। मेरे ठहरने का प्रबन्ध अपने इन दोनों मित्रों के कक्ष के आसपास करा दें।"

महाराज मान गए।

शाम को तेनाली राम आया तो उसे महाराज के मित्र प्रसेनजित और वज्रबाहु के कक्षों के सामने के एक कक्ष में ठहरा दिया गया। तेनाली राम के राजभवन में ठहरने की सूचना गोपनीय रखी गई।

महाराज कृष्णदेव राय स्वयं एक बार तेनाली राम के कक्ष में आए। उन्होंने तेनाली राम से कहा, "कुछ चाहिए तो बताओ।"

"नहीं महाराज, मुझे कुछ नहीं चाहिए। बस, आप इतना करें कि अपने मित्रों के कक्ष में ही रात्रि का भोजन भेजें। भोजन में ऐसे पकवान हों जिनमें अच्छी सुगन्ध हो। सुस्वादु पकवानों से भरे थाल जब आप अपने मित्रों के कक्ष में भिजवा दें तब तुरन्त यह समाचार फैला दें कि आपका स्वास्थ्य अचानक बहुत खराब हो गया है। बाकी बातें हम लोग बाद में करेंगे।" तेनाली राम ने कहा।

"लेकिन इससे होगा क्या?" महाराज ने पूछा।

"यही तो देखना है महाराज!" तेनाली राम ने कहा।

"तुम्हारी बातें मुझे समझ में नहीं आ रही हैं तेनाली राम!" महाराज ने जिज्ञासा-भरे स्वरों में कहा।

"सुबह तक प्रतीक्षा करें महाराज!" तेनाली राम ने महाराज को यह कहते हुए आश्वस्त किया।

रात्रि के भोजन का समय था। राजभवन में अतिथि के रूप में रह रहे प्रसेनजित और वज्रबाहु के कक्ष में भोजन लाकर रखा गया था। भोजन से भूख जगानेवाली सुगन्ध उठ रही थी जिससे आसपास का वातावरण महमहा उठा था। प्रसेनजित और वज्रबाहु अभी भोजन करने के लिए उद्यत हुए ही थे कि दो प्रहरी दौड़ते हुए आए और बोले, "महाराज का स्वास्थ्य बहुत खराब है। राजवैद्य उनकी शुश्रूषा में लगे हैं मगर उनकी स्थिति खराब होती ही जा रही है।"

यह सूचना देकर दोनों प्रहरी लौट गए। वज्रबाहु तत्काल भोजन की थाल से उठ गए और अपना हाथ अंगवस्त्रम् से पोंछते हुए महाराज के कक्ष की ओर दौड़ पड़े, जबकि प्रसेनजित ने जी-भर के भोजन किया और थोड़ी देर लेटने के बाद वह महाराज के कक्ष की ओर गया।

तेनाली राम ने दोनों के जाने के बाद उनके कक्षों में जाकर भोजन की थाल में भोजन की स्थिति देखी। प्रसेनजित की थाल रिक्त हो चुकी थी जबकि वज्रबाहु की थाल में भोजन ज्यों का त्यों था। एक निवाला तैयार था, जैसे उसे हाथ में उठाकर फिर से थाल में रख दिया गया हो!

सुबह तक राजवैद्य भवन में रहे। सूर्योदय से पहले ही महाराज स्वस्थ हो गए।

तेनाली राम महाराज के कक्ष में उन्हें देखने के बहाने पहुँचा।

उसे देखकर महाराज ने पूछा, "क्यों तेनाली राम! आज मेरे प्रश्न का उत्तर तो दे दोगे?"

"आज नहीं, अभी महाराज!" तेनाली राम ने मुस्कुराते हुए कहा।

"हाँ, बताओ तेनाली राम, मेरा मित्र इन दोनों में से कौन है? या दोनों ही हैं? या दोनों में से कोई नहीं, संशयमुक्त होकर बताओ।" महाराज ने पुनः तेनाली राम से पूछा।

तेनाली राम ने महाराज की ओर देखते हुए कहा, "महाराज! आपका सच्चा मित्र वज्रबाहु है, प्रसेनजित नहीं।" फिर तेनाली राम ने महाराज के

अस्वस्थ होने के बाद की घटना बता दी कि मित्र का स्वास्थ्य खराब होने की सूचना से उद्वेलित होकर किस तरह वज्रबाहु भोजन छोड़कर महाराज के शयन कक्ष की ओर दौड़ पड़ा और प्रसेनजित ने किस तरह भोजन करने के बाद विश्राम किया और तब अपने कक्ष से निकला।

तेनाली राम से पूरा वृत्तान्त जानने के बाद महाराज ने उसे अपने गले से लगा लिया और कहा, "भविष्य में भी तुम मेरे आचरण पर दृष्टि रखना। यदि कभी मैं कर्तव्यविमुख होता दिखूँ तो इस बात की ओर मेरा ध्यान आकृष्ट करने के लिए जो भी उचित जान पड़े, करना।"

उस दिन से ही महाराज कृष्णदेव राय पहले की भाँति दरबार में जाने लगे। महाराज को सक्रिय और सजग देखकर सभासदों में भी उत्साह पैदा हो गया और विजयनगर में पैदा हुई उदासीनता समाप्त हो गई।

निन्यानबे का चक्कर

एक दिन महाराज कृष्णदेव राय अपने दरबार में बैठे लोगों की फरियाद सुन रहे थे। उनके पास उस दिन एक विचित्र समस्या लेकर एक फरियादी आया।

फरियादी ने अपनी समस्या महाराज के सामने इस प्रकार रखी, ''महाराज! मैं एक गरीब आदमी हूँ। मेरे पास एक मकान है जिसमें दो कमरे हैं। एक कमरे में मैं रहता हूँ तथा दूसरे कमरे में एक किराएदार। मेरा किराएदार एक मोची है जो दिन-भर बाजार में लोगों के जूतों की मरम्मत करता है और रात को घर आकर घंटों पूजा करता है।''

महाराज चकराए, "अरे, यह तो अच्छी बात है। तब तो मोची भला आदमी है। ऐसे आदमी से तुम्हें क्या परेशानी है?"

"हाँ, महाराज, वह भला आदमी है। मुझे समय पर किराया अदा करता है। किसी बात की कभी झिक-झिक, खिच-खिच उसने मेरे साथ नहीं की है। रोज सुबह जगकर स्नान-ध्यान करने के बाद ही वह अपने काम के लिए निकलता है।" फरियादी ने कहा।

"तो फिर परेशानी क्या है?" महाराज ने पूछा।

''महाराज! शाम को जब मोची पूजा करता है तब वह हाथ में ढोलक लेकर उसे पीटते हुए जोर-जोर से भजन गाता है। उसके भजन गाने से भी मुझे कोई शिकायत नहीं है। शिकायत है उसकी ढोल से, जिसकी धमक से मैं घंटों परेशान रहता हूँ और सो नहीं पाता।'' फरियादी ने कहा।

महाराज को फरियादी की वास्तविक परेशानी का अनुमान लग गया। थोड़ी देर मौन रहने के बाद उन्होंने तेनाली राम से पूछा, ''क्यों तेनाली राम! इस फरियादी का दुख-दर्द दूर करने का तो एकमात्र उपाय यही है कि इसका कमरा खाली करा दिया जाए।''

''नहीं महाराज!" तेनाली राम ने कहा, "इस तरह के समाधान से तो मोची ही नहीं, फरियादी भी परेशान हो उठेगा।''

''वह कैसे?'' महाराज ने पूछा।

"महाराज! फरियादी ने साफ-साफ कहा है कि वह गरीब आदमी है। दो कमरों के मकान का एक कमरा किराए पर देने से यह बात साफ हो जाती है कि उसे पैसों की जरूरत है तभी वह एक कमरा किराए पर देने के लिए विवश हुआ है।"

''हाँ! तुम ठीक कह रहे हो। फिर क्या समाधान है?'' महाराज ने पूछा।

''महाराज! यदि यह फरियादी निन्यानबे रुपए खर्च करने के लिए तैयार हो जाए तो मैं उसे समस्या से मुक्त करा दूँगा।'' तेनाली राम ने कहा।

महाराज ने पूछा, ''फरियादी! क्या तुम निन्यानबे रुपए खर्च करने की स्थिति में हो?''

''यदि समस्या से मुक्ति मिल जाए तो मैं निन्यानबे क्या, सौ रुपए भी खर्च कर सकता हूँ।'' फरियादी ने कहा।

''नहीं, केवल निन्यानबे रुपए।'' इस बार यह बात तेनाली राम ने कही।

''जी हाँ, श्रीमान! मैं निन्यानबे रुपए खर्च कर सकता हूँ।'' फरियादी ने कहा।

"तो ठीक है, जाओ और निन्यानबे रुपए गिनकर एक मखमल की थैली में डाल दो। और जिस समय मोची कमरे में नहीं हो, उस समय उसके कमरे में वह थैली डाल दो। ऐसा करने के एक सप्ताह बाद आकर महाराज को उसके भजन का हाल बताना। अब जाओ, और जाकर वही करो जो मैंने तुम्हें बताया है।'' तेनाली राम ने कहा।

फरियादी महाराज के दरबार से बहुत आशंकित मन से लौटा। उसे विश्वास नहीं हो रहा था कि यह उसकी समस्या का कोई समाधान है। वह मन-ही-मन सोचता जा रहा था, 'आज के जमाने में गरीबों की कौन सुनता है कि राजा-महाराजा सुनेंगे! खैर, चलो! यहाँ आए तो निन्यानबे के चक्कर में पड़े। न आते तो अच्छा था।''

अपने घर पहुँचकर फरियादी ने मखमल की थैली में निन्यानबे रुपए गिनकर डाले और मोची के कमरे में फेंक आया। उसे इसका कोई परिणाम मिलने की आशा नहीं थी।

दूसरी तरफ महाराज भी तेनाली राम की सलाह से सहमत नहीं थे। उन्होंने तेनाली राम से पूछा, "तेनाली राम! तुमने उस फरियादी को निन्यानबे रुपए की थैली मोची के कमरे में फेंकने की सलाह तो दे दी लेकिन इससे क्या होगा, मुझे बताओ।"

"महाराज! इससे मोची निन्यानबे के चक्कर में पड़ जाएगा।" तेनाली राम ने हँसते हुए कहा।

"निन्यानबे के चक्कर में?" महाराज ने चौंककर फिर पूछा।

"यह निन्यानबे का चक्कर क्या है? मुझे खुलकर बताओ। साफ-साफ।"

"महाराज, यह मोची किसी के पास काम नहीं करता। यह अपनी दुकान लगाता है। मतलब यह हुआ कि इस मोची में भी पैसेवाला बनने की लालसा है। अब जब उसे मखमल की थैली में निन्यानबे रुपए मिलेंगे तब वह उन्हें खर्च करने की कतई नहीं सोचेगा। वह सबसे पहले उस थैली में अपने एक रुपए मिलाकर उन्हें सौ रुपए में बदलेगा। इसके बाद वह इन सौ रुपयों को दो सौ रुपयों में, दो सौ रुपयों को पाँच सौ रुपयों में, पाँच सौ रुपयों को हजार रुपयों में बदलने के लिए लालायित हो उठेगा। महाराज! अब मोची को निन्यानबे के चक्कर से मुक्ति नहीं मिलनेवाली।" तेनाली राम ने विश्वासपूर्वक कहा।

"मगर तुम्हारी बात मान भी लूँ तो फरियादी की समस्या का हल कहाँ हुआ? तुमने तो मोची को निन्यानबे के चक्कर में डालने का इन्तजाम भर किया है।" महाराज की संशययुक्त वाणी फूटी।

"बस, सात दिन तक धैर्य रखें महाराज!" तेनाली राम ने महाराज से अनुनयपूर्वक कहा।

महाराज मौन हो गए। लेकिन उनके मन में तेनाली राम की इस विचित्र सलाह का परिणाम जानने की उत्सुकता बनी रही।

ठीक सातवें दिन वह फरियादी दरबार में उपस्थित हुआ। उसके चेहरे पर प्रसन्नता के भाव थे। जैसे ही उसे अवसर मिला, वह महाराज के सामने आया और मुस्कुराते हुए अपने दोनों हाथ जोड़ लिये।

महाराज ने फरियादी से पूछा, "क्या हाल है फरियादी? तुम्हारी समस्या बनी हुई है या...।"

फरियादी ने तत्परता से उत्तर दिया, "महाराज! अब कोई समस्या नहीं है।"

"अरे! यह चमत्कार कैसे हुआ?" महाराज ने विस्मय से पूछा।

"महाराज! जिस दिन मैंने मोची के कमरे में थैली फेंकी, उस रात मोची ने थोड़ी देर तक भजन गाया। उसके दूसरे दिन भी थोड़ी देर तक भजन गाया। लेकिन उसके बाद से वह रोज रात को जूते गाँठने के काम में लगा रहता है। बाजार से लौटने के बाद भगवान के सामने दीप जलाकर प्रणाम करता है और अपने काम में लग जाता है।...महाराज, मुझे अब उससे कोई शिकायत नहीं है। मैं रोज रात को चैन की नींद सोता हूँ।"

महाराज ने देखा, तेनाली राम मन्द-मन्द मुस्कुरा रहा था।

फलियों की शिक्षा

एक बार विजयनगर के सम्राट महाराज कृष्णदेव राय की इच्छा हुई कि वे अपने राज्य का भ्रमण करें और अपनी प्रजा के दुख-सुख को स्वयं अपनी आँखों से देखें ताकि उन्हें अपने राज्य के विकास की योजना बनाते समय उन जरूरी बातों का ध्यान रह सके जिनका अभाव अभी उनकी प्रजा अनुभव कर रही है। उन्होंने अपनी इच्छा तेनाली राम को बताई।

तेनाली राम ने महाराज की बातें ध्यानपूर्वक सुनीं। उसे महाराज की बातें अच्छी लगीं। उसने महाराज से कहा, "महाराज! बहुत उत्तम विचार है। जितनी जल्दी हो सके, राज्य-भ्रमण का कार्यक्रम बना लें।"

"ठीक है। कार्यक्रम बन जाएगा। मगर मेरी इच्छा है कि राज्य-भ्रमण के दौरान तुम मेरे साथ रहो।" महाराज ने कहा।

तेनाली राम ने तत्काल उत्तर दिया, "आपकी इच्छा मेरे लिए सर्वोपरि है महाराज! आप आदेश करें—मैं आपको हर क्षण उपलब्ध मिलूँगा।"

जल्दी ही महाराज के राज्य-भ्रमण का कार्यक्रम बन गया। महाराज ने अपने साथ कुछ चुनिन्दे एवं विशेष रूप से प्रशिक्षित सिपाहियों का दस्ता रखा और तेनाली राम के साथ घोड़े पर सवार होकर राज्य-भ्रमण के लिए निकल पड़े।

पहले दिन ही संयोग ऐसा रहा कि राह में कोई बाजार नहीं मिला। घोड़े थक कर चूर थे। महाराज भी थकान का अनुभव कर रहे थे। उन्होंने तेनाली राम से कहा, "मुझे लगता है कि अब शाम ढलने को है। हमें यहीं कहीं अच्छी जगह देखकर पड़ाव डालना होगा। भूख और प्यास से सभी बेहाल हैं। भोजन की व्यवस्था भी करनी पड़ेगी।"

तेनाली राम ने महाराज से कहा, "महाराज! मुझे लग रहा है कि दाईं

तरफ़ नजदीक में ही कोई नदी हमें मिल सकती है...आप भी अनुभव कर सकते हैं कि दाईं तरफ से जो हवा आ रही है, उसमें शीतलता है। यह शीतलता नमी के कारण ही हो सकती है।''

महाराज ने तेनाली राम की बातें सुनकर दाईं तरफ अपने घोड़े को घुमाया और थोड़ी दूर तक मन्थर गति से उसे दौड़ाया। इसके बाद उन्हें भी लगा कि तेनाली राम के अनुमान में सत्यता है और उन्होंने साथ चल रहे दस्ते को उसी दिशा में चलने का संकेत कर दिया।

थोड़ी देर में ही वे लोग नदी के किनारे पहुँच गए।

महाराज के निर्देश पर नदी किनारे तम्बू गाड़े गए। घोड़ों को ले जाकर सिपाहियों ने नदी में पानी पिलाया।

महाराज अपने तम्बू में विश्राम की मुद्रा में लेट गए और तेनाली राम से कहा, ''तेनाली राम! अब भोजन का भी प्रबन्ध हो जाना चाहिए।" ऐसा कहते समय वे अपने आस-पास नजर दौड़ाते रहे। थोड़ी दूरी पर उन्हें एक खेत दिखा जिसमें मटर की फलियाँ ही फलियाँ दूर तक दिखाई दे रही थीं। महाराज ने तेनाली राम से कहा, ''क्यों न आज हम लोग इन्हीं फलियों का आहार करें?''

''विचार तो अच्छा है महाराज!'' तेनाली राम ने संक्षिप्त-सा उत्तर दिया।

महाराज ने कुछ सिपाहियों को बुलवाया और उनसे कहा, ''आज फलियों का आहार तुम लोगों को कैसा लगेगा?''

"महाराज! इस बियाबान में जो कुछ भी मिल जाए, वही उत्तम आहार है।" एक सिपाही ने हिम्मत करके कहा।

''तो जाओ सामने, खेत में फलियाँ तैयार हैं, तोड़कर कुछ हम दोनों के लिए लाओ और तुम लोग भी खाओ। घोड़े तो मैदान में घास चर ही रहे होंगे।"

''जैसी आज्ञा महाराज!'' कहकर सिपाही मुड़ने ही जा रहा था कि तेनाली राम ने हस्तक्षेप किया, "ठहरो!" फिर महाराज की ओर देखते हुए बोला, ''महाराज! मैं तो इस तरह फलियाँ ग्रहण नहीं करूँगा। आप इस राज्य के राजा अवश्य हैं किन्तु इस खेत के मालिक नहीं हैं। इस खेत का मालिक तो वही किसान होगा जिसने इस खेत में फलियाँ उगाई हैं। इसे

अपने पसीने से सींचा है। बिना उसकी आज्ञा के इस खेत की एक फली भी तोड़ना अपराध है। और यह केवल अपराध ही नहीं है अपितु राजधर्म के विरुद्ध आचरण है जो कि एक राजा को शोभा नहीं देता।"

महाराज को तेनाली राम की बात उचित लगी। उन्होंने सिपाही को निर्देश दिया, "जाओ! इस खेत के स्वामी का पता लगाकर उससे आज्ञा लो। यदि वह मिल जाए तो उससे कहना–इस राज्य के राजा ने उसके खेत की फलियाँ मँगाई हैं।"

सिपाही जब उस खेत के मालिक का पता लगाते हुए उसके पास पहुँचा तो सिपाही को देखकर खेत का मालिक घबरा गया। किन्तु जब उसे यह पता चला कि महाराज स्वयं उसके खेत के पास विश्राम कर रहे हैं और अपनी भूख मिटाने के लिए खेत से थोड़ी फलियाँ तोड़ने की आज्ञा चाहते हैं तब उसके आश्चर्य का ठिकाना न रहा। प्रसन्नता से उसका हृदय भर गया। मन-ही-मन वह विजयनगर के महाराज कृष्णदेव राय के प्रति श्रद्धा से भर गया–'कितने महान हैं महाराज! स्वयं राजा हैं मगर मुझ जैसे गरीब किसान की मेहनत का सम्मान करते हैं। वे चाहें तो पूरे खेत की फलियाँ तोड़ लें, कौन रोक सकता है उन्हें मगर उन्होंने ऐसा नहीं किया...' और इसी तरह की अनेक बातें सोचता हुआ वह दौड़ पड़ा उधर जिधर महाराज के विश्राम के लिए तम्बू गाड़ा गया था।

महाराज के पास पहुँचकर वह किसान साष्टांग दंडवत् की मुद्रा में आया तथा महाराज से कहा, "महाराज! प्रजापालक! आपको देखकर मेरे नयन तृप्त हुए। यह राज्य आपका, यह खेत आपका, आप प्रजापालक, मैं आपकी प्रजा। मुझसे आज्ञा लेने की कोई आवश्यकता आपको नहीं थी मगर फिर भी आपने एक गरीब किसान के श्रम का जो महत्त्व दिया है उसके कारण सदियों तक पृथ्वी पर आपकी न्यायप्रियता की स्मृति रहेगी।" इसके बाद वह किसान खुद सिपाहियों के साथ खेत में गया और फलियाँ तोड़कर महाराज के समक्ष श्रद्धापूर्वक प्रस्तुत किया और फिर महाराज से आज्ञा लेकर गाँव लौट गया।

पुनः थोड़ी देर के बाद वह आया। उसके साथ गाँव के कुछ लोग थे जो अपने साथ तरह-तरह के पकवान लाए थे–महाराज के लिए और महाराज के अनुचरों के लिए।

इतने सम्मान की कल्पना महाराज ने नहीं की थी। तेनाली राम यह सब देखकर मुस्कुरा रहा था।

दूसरे दिन जब महाराज वहाँ से अगले पड़ाव के लिए कूच करने लगे तब तेनाली राम का घोड़ा उनके घोड़े के साथ-साथ चल रहा था। महाराज कृष्णदेव राय ने तेनाली राम से कहा, "तेनाली राम! तुम्हारे कारण कल रात अच्छा भोजन प्राप्त हुआ। अब आगे देखें क्या होता है!"

तेनाली राम ने कहा, "आगे भी अच्छा ही होगा...और महाराज! इस गाँव के लोग वर्षों आपका गुणगान करेंगे और आपकी न्यायप्रियता एवं ईमानदारी की कथाएँ कहेंगे जबकि आप जानते हैं कि आपने इनका लिया ही है, दिया कुछ नहीं!"

मृदुभाषिता

महाराज कृष्णदेव राय वृद्ध हो चले थे। उनका वंश उन दिनों बहुत प्रतापी समझा जाता था। स्वयं कृष्णदेव राय की कीर्ति दूर-दूर तक फैली हुई थी। विजयनगर की प्रजा अपने महाराज के प्रति अगाध श्रद्धा रखती थी। महाराज कृष्णदेव राय ने भी जीवनपर्यन्त अपनी प्रजा की भलाई के लिए कार्य किया था। जगह-जगह प्याऊ बनवाए, कुएँ खुदवाए, नहरें खुदवाईं। तीज-त्योहार के अवसरों पर प्रजा के बीच आवश्यक वस्तुएँ बँटवाईं। ऐसा प्रजापालक उस काल में कोई दूसरा राजा नहीं था। लेकिन इतनी ख्याति और सम्मान अर्जित करने के बाद भी महाराज कृष्णदेव राय दुखी थे। स्थिति ऐसी थी कि वे अपना दुख किसी से व्यक्त भी नहीं कर पाते थे। महाराज का दुख अपने जामाता (दामाद) के कारण था। उन्होंने अपनी पुत्री का विवाह बहुत धूमधाम से किया था। विवाह से पूर्व उन्होंने अपने जामाता के विषय में पूरी जानकारी खुफिया विभाग से कराई थी। उनका जामाता बहुत शिक्षित था। शास्त्रों का अध्ययन किया था उसने और अल्पवय में ही शास्त्री की उपाधि प्राप्त कर ली थी। अस्त्र-शस्त्र संचालन की कला में वह माहिर था। घुड़सवारी में वैसे ही पारंगत। शरीर से बलवान। सच्चरित्र। इतने गुणों के बाद भी उनके किसी भी सम्बन्धी को उनका जामाता प्रिय नहीं लगा। विवाह के कुछ दिनों के बाद ही उनकी पुत्री दुखी रहने लगी। अपनी पुत्री के दुखी रहने के बारे में जब महाराज को जानकारी मिली तो वे बेचैन हो उठे और विजयनगर में एक राजसी महोत्सव आयोजित कर अपनी पुत्री और जामाता को इस अवसर पर विजयनगर आने का आमंत्रण दिया।

नियत तिथि को महाराज कृष्णदेव राय के आमंत्रण पर उनके बेटी-दामाद विजयनगर पहुँचे। महोत्सव तो उन्हें बुलाने का बहाना था। महाराज

ने बेटी-दामाद के आगमन के बाद महोत्सव को स्मरणीय बनाने के लिए राज्य भर के कलाकारों को जुटाया। आनन्द की मानो हर ओर वृष्टि हो रही थी। महाराज ने बहुत गम्भीरता से अपने दामाद के कार्य-कलापों का अध्ययन भी किया। उन्हें अपने दामाद में कोई कमी दिखाई नहीं दी। महोत्सव के समापन के बाद उन्होंने अपनी पुत्री से पीड़ित रहने का कारण जानना चाहा तब पुत्री ने बताया कि वह अपने पति के कटु वचनों से आहत होती है। ऐसे तो उसके प्रति उसके पति का व्यवहार ठीक है मगर वह कड़वा सच बोलने का अभ्यासी है। उसके इस अभ्यास के कारण उससे सभी घबराते हैं।

महाराज को पुत्री की पीड़ा का कारण समझ में आ गया।

दूसरे दिन महाराज ने अपने दामाद को स्नेहपूर्वक बुलाकर अपने पास बिठाया और कहा, "पुत्र! अब मैं वृद्ध हो चला हूँ। राज-काज सँभालते हुए वर्षों बीत चुके हैं। मैं चाहता हूँ कि तुम इसी तरह महीने-दो महीने के लिए आ ज़ाया करो ताकि इस राज्य के बारे में भी तुम्हें आवश्यक ज्ञान हो जाए।"

महाराज की बात सुनकर उनके दामाद ने बहुत ही निर्द्वन्द्व भाव से कहा, "श्वसुर जी! वृद्ध तो सभी होते हैं। जो जन्मा है वह हमेशा शिशु तो नहीं रहेगा...बड़ा होगा और अपना दायित्व सँभालेगा और एक दिन वृद्ध भी होगा और मरेगा भी। इसमें ऐसी कोई बात नहीं है कि आप अपने दायित्व के निर्वाह के लिए मुझसे सहयोग की अपेक्षा रखें। मेरी अपनी दिनचर्या और अपने दायित्व हैं।"

अपने दामाद की बात सुनकर महाराज अचरज में पड़ गए। उन्हें विश्वास हो गया कि उनकी पुत्री ठीक ही कह रही थी। मन-ही-मन चिन्तित रहते हुए उन्होंने दामाद से थोड़ी देर तक सामान्य औपचारिकता की बातें कीं और फिर उससे विश्राम करने को कहकर स्वयं अपने कक्ष में चले गए। उनकी व्याकुलता बढ़ चली थी। उन्हें समझ में नहीं आ रहा था कि वे अपनी पुत्री की समस्या का समाधान करें तो कैसे करें। वे अपनी पुत्री को बहुत प्यार करते थे इसलिए उसकी परेशानी से और भी परेशान हो उठे थे। महाराज का मन कहीं भी नहीं लग रहा था। दरबार में भी उनका वही हाल रहा। मन में अवसाद हो तो कहीं भी, कुछ भी अच्छा नहीं लगता है।

तेनाली राम महाराज की मनःस्थिति का अनुमान लगा चुका था। महाराज किस प्रकार की चिन्ता में हो सकते हैं–इस बात का अनुमान वह नहीं लगा पाया था। दरबार सम्पन्न होने के बाद जब सारे सभासद लौट गए तब तेनाली राम ने महाराज के पास जाकर उनसे उनकी बेचैनी का कारण पूछा।

अब तक तेनाली राम महाराज का अन्तरंग हो चुका था। दरबार में उसकी हैसियत भले ही विदूषक की थी किन्तु अब वह महाराज का अनन्य सलाहकार भी बन चुका था। महाराज ने तेनाली राम को अपनी पुत्री की व्यथा-कथा और दामाद की कटु वाणी के बारे में पूरी बातें बता दीं। इससे महाराज का मन हलका हुआ। उन्हें विश्वास था कि समस्या उचित व्यक्ति तक पहुँच गई है और अब उसका समाधान भी सहजता से हो जाएगा।

तेनाली राम ने महाराज को दिलासा दिया कि जल्दी ही सब कुछ ठीक हो जाएगा, और महाराज से विदा लेकर अपने घर लौट आया।

महाराज दरबार में बैठे थे। दरबार की कार्रवाई सम्पन्न हो चुकी थी। सभी सभासद जा चुके थे। प्रहरीगण इस बात की प्रतीक्षा में थे कि महाराज विश्राम के लिए भवन जाएँ तब वे भी दरबार का द्वार बन्द कर अपने घरों की ओर प्रस्थान करें।

महाराज अपने सिंहासन पर बैठे विचार कर रहे थे। तीन दिन हो गए तेनाली राम से पुत्री और जामाता के सन्दर्भ में बातें किए। मगर अब तक तेनाली राम ने कुछ किया नहीं। महाराज विचारमग्न भी थे और उदास भी क्योंकि उन्हें कोई दूसरा उपाय भी समझ में नहीं आ रहा था। आज सुबह ही हुई एक घटना से महाराज की चिन्ता बढ़ गई थी। सुबह कोई काम करते समय उनकी पुत्री की हथेली में काँटा चुभ गया जिसकी पीड़ा से वह चीख पड़ी। चीख इतनी तेज थी कि महाराज अपने कक्ष से बाहर निकल आए किन्तु पुत्री के पास ही एक आसन पर विराजमान उनका दामाद अपने स्थान से हिला भी नहीं और आसन पर बैठे-बैठे ही बोला, "चीखने से काँटा नहीं निकलेगा। असावधान रहकर कुछ भी करोगी तो ऐसे ही परिणाम सामने आएँगे। भविष्य में सावधान रहना सीखो। सुना नहीं है–सतर्कता गई, दुर्घटना हुई।"

उनकी पुत्री ने अपनी हथेली से काँटा निकालने का प्रयास करते हुए कहा, "कितने संवेदनहीन हो तुम!"

"मैंने कुछ भी अन्यथा नहीं कहा। तुम असावधान थीं इसलिए काँटा चुभा। इसमें संवेदनहीनता कहाँ से आ गई! दर्द तुम्हें हो रहा है। उसके परिणामस्वरूप तुम्हें किसी की शान्ति भंग करने का अधिकार तो नहीं मिल गया। भविष्य में कुछ भी करो तो सावधान होकर।" महाराज के दामाद ने कहा।

महाराज ने देखा, उनकी पुत्री सिसकते हुए अपनी हथेली से काँटा निकालने का प्रयास कर रही है और उनका दामाद अपने स्थान पर बैठा एक पुस्तक पढ़ रहा है। उन्होंने उन दोनों के बीच हुए संवादों को भी सुना था। उनकी चिन्ता का कारण भी यही था। महाराज को समझ में नहीं आ रहा था कि अपने दामाद को लोक-व्यवहार का ज्ञान कैसे दें। बातें उसने ठीक कही थीं। उसकी नसीहत भी समयानुकूल थी। मगर उसका व्यवहार स्थिति विशेष के अनुरूप नहीं था।

अपने सिंहासन पर बैठे महाराज के मन में ऊहापोह के बादल मँडरा रहे थे। महाराज अपनी पुत्री से बहुत प्यार करते थे इसलिए वे चाहते थे कि उसके पति को सीधे कुछ कहे बिना ही लोक-व्यवहार की शिक्षा दी जाए। मगर कैसे? यही बात महाराज की समझ में नहीं आ रही थी। महाराज को बार-बार तेनाली राम का स्मरण हो रहा था। मन में तरह-तरह की आशंकाएँ उठ रही थीं। एक शंका यह भी थी कि कहीं तेनाली राम उनकी समस्या ही न विस्मृत कर बैठा हो। जब मन में शंका उठती है तो श्रद्धा के पात्र के प्रति भी अश्रद्धा का भाव उत्पन्न हो जाता है। महाराज के साथ भी ऐसा ही हुआ। उन्होंने तत्काल प्रहरियों को बुलाकर निर्देश दिया कि तेनाली राम जहाँ कहीं भी हों, उन्हें अविलम्ब महल में मेरे समक्ष उपस्थित होने की सूचना दो।

रात्रि के प्रथम प्रहर में तेनाली राम महाराज के निर्देशानुसार उनके महल में उपस्थित था। वह अपने साथ एक थैला भी लेकर आया था। महाराज ने जब तेनाली राम को देखा तो उनके हृदय की शंका का स्वतः निवारण हो गया। उन्होंने तेनाली राम को अपने पास बैठाया और सुबह की धटना उसे सुना दी।

सब कुछ सुनने के बाद तेनाली राम ने महाराज से कहा, ''महाराज! जो हो गया, उसके लिए पश्चात्ताप नहीं। असल में आपके जामाता पुस्तकों में ही रमे रहे हैं। उन्हें बाह्य जगत की व्यावहारिकता का बोध नहीं है जिसके कारण वे वैसी बातें भी कह देते हैं जो लोक-व्यवहार के अनुकूल नहीं। लेकिन विश्वास करें, यह समस्या अब एक-दो दिन की मेहमान है। अब तक मैं इसी समस्या के समाधान के लिए अपने ढंग से प्रयास करता रहा हूँ। कल शाम को आप जामाता के साथ हमारे घर पधारें। अभी तो थोड़ी देर के लिए उन्हें बुलवाएँ ताकि मैं स्वयं उन्हें आमंत्रण दे दूँ।"

महाराज को तेनाली राम पर विश्वास था। इसलिए स्वयं जाकर वे अपने दामाद को लेकर अपने कक्ष में आए, जहाँ तेनाली राम उनकी प्रतीक्षा कर रहा था।

महाराज ने अपने दामाद का परिचय तेनाली राम से कराया।

तेनाली राम ने महाराज के दामाद को अपने गले से लगाया। फिर अपने झोले में हाथ डालकर एक छोटा-सा फल निकाला बोला, "हम लोगों के यहाँ की परम्परा है कि जब हम दामाद से पहली बार मिलते हैं तो उसे अपने हाथों से फल खिलाते हैं।"

उसके अनुरोध पर महाराज के दामाद ने मुँह खोला और तेनाली राम ने वह फल उसके मुँह में डाल दिया। फल कड़वा था। महाराज का दामाद उसे थूकना चाह रहा था मगर तेनाली राम ने उसे ऐसा करने से रोक दिया। अन्ततः दामाद को वह फल निगलना पड़ा। फल निगलने पर कड़वेपन के कारण उसका मुँह विकृत सा हो उठा जिसे देखकर तेनाली राम ने कहा, ''अरे! तुम अपने इस सुन्दर मुँह को विकृत क्यों कर रहे हो...देखो, सामने आईने में कैसा लग रहा है तुम्हारा चेहरा!''

दामाद ने कहा, ''इतना कड़वा फल खिलाया आपने तो उसका प्रभाव चेहरे पर पड़ेगा ही।''

तेनाली राम ने कहा, ''अरे पुत्र! कड़वा-मीठा का सम्बन्ध तो जीभ से है। उसका चेहरे पर भला असर क्यों होगा? खैर, जाने दो। अब यह फल खाओ।" इस बार तेनाली राम ने एक दूसरा रसदार छोटा फल दामाद के मुँह में डाल दिया।

दामाद का चेहरा फल मुँह में रखते ही खिल गया।

तेनाली राम ने कहा, "यह फल कैसा है?"

"अच्छा!" दामाद ने उत्तर दिया।

इसके बाद तेनाली राम ने महाराज और उनके दामाद को अपने घर आने का आमंत्रण दिया।

दूसरे दिन तेनाली राम अपने आवास पर इन लोगों की आवभगत में लगा हुआ था, उसी समय उसके दरवाजे पर एक वृद्ध महिला अपने पौत्र के साथ आकर खड़ी हो गई। उसके पौत्र ने ऊँची आवाज में पुकारा, "अरे! इस घर में कौन रहता है...बाहर आओ।"

पौत्र की आवाज बहुत कर्कश थी। तभी सभी ने सुना, बुढ़िया अपने पौत्र को समझा रही थी–'इस तरह किसी को आवाज दोगे तो उसकी प्रतिक्रिया भी वैसी ही होगी और तुम्हें भी जवाब मिलेगा–बाहर निकलो। ठहरो! देखो! अब मैं बुलाती हूँ–कोई है बेटा...जरा बाहर आना...इस विवश बुढ़िया की बात तो सुनते जाना...।'

तत्काल तेनाली राम बाहर निकला। उसने बुढ़िया की बात सुनी फिर दोनों को कक्ष में लाकर बैठाया तथा उनके लिए सुस्वादु भोजन मँगवाकर परोस दिया।

बुढ़िया और उसके पौत्र ने भोजन किया। तृप्त हुए। तब तेनाली राम ने बुढ़िया से कहा, "माँ! तेरा पोता बहुत कर्कश स्वर में कड़वी बातें बोलता है।"

"हाँ, बेटा! मगर समझ जाएगा। अभी इसने दुनिया नहीं देखी है। वही दिखाने ले जा रही हूँ। मैंने आज इसे यही समझाया है कि कड़वे और मीठे का बोध सीधे जीभ को होता है। कड़वे का स्वाद विरक्त करता है जबकि मीठे से तृप्ति मिलती है। ऐसी ही स्थिति वाणी की है। वाणी का सम्बन्ध भी जिह्वा से है। मुँह से निकली बोली स्वयं पर नहीं, दूसरों पर असर करती है। मीठा बोलोगे तो मीठी प्रतिक्रिया होगी और कड़वा बोलोगे तो कड़वी।" वृद्धा ने कहा।

तेनाली राम ने वृद्धा को विदा किया। महाराज समझ चुके थे कि यह एक सोद्देश्य प्रायोजित दृश्य था जिसका प्रयोजन उनके दामाद को प्रबोध देना था। फिर भोजन आदि करने के बाद जब महाराज तेनाली राम के आवास से विदा हुए तब तेनाली राम ने उनके जामाता को ढेरों उपहार देकर विदा किया।

रास्ते भर महाराज मौन रहे। वे देखना चाहते थे कि तेनाली राम के प्रयास का क्या असर हुआ है। महल पहुँचकर उन्हें सुखद आश्चर्य हुआ जब उनके दामाद ने विनम्रतापूर्वक पूछा, "मेरे लिए क्या निर्देश है?"

फूले न समाते हुए महाराज ने उसे विश्राम करने जाने की आज्ञा दे दी।

दूसरे दिन उनकी पुत्री ने आकर महाराज से बताया कि उसका पति इस तरह बदल चुका है कि अब कल्पना भी नहीं की जा सकती कि कभी वह अव्यावहारिक भी रहा होगा। उसने विह्वल होकर पूछा, "मगर पिताश्री, यह चमत्कार हुआ कैसे?"

महाराज ने मुस्कुराते हुए कहा, "एक कड़वे फल से!"

सप्तद्वीप नवखंड

विजयनगर—महाराज कृष्णदेव राय का साम्राज्य। धन-धान्य से परिपूर्ण इस राज्य की समृद्धि की चर्चा दूर-दूर तक होने लगी। विजयनगर के वैभव ने पड़ोसी राजाओं को चकित कर रखा था। सभी जानना चाहते थे कि विजयनगर की समृद्धि और वैभव का रहस्य क्या है।

विजयनगर के पास ही 'सप्तद्वीप नवखंड' नाम का एक वैभवशाली राज्य था। मान्यता थी कि प्राचीन काल में विजयनगर के पार्श्व से एक वेगवती नदी गुजरती थी जिसके बीच में, जगह-जगह पर पाषाण-खंड उभरे हुए थे। कालान्तर में नदी का पानी कम होने लगा और ये पाषाण खंड द्वीपों के रूप में प्रकट होने लगे। एक समय ऐसा भी आया जब यह नदी सूख गई और वहाँ निर्जन स्थल प्रकट हो गया। नदी के सूखते-सूखते प्रकट हुए द्वीपों की संख्या सात थी इसलिए उस निर्जन स्थान को 'सप्तद्वीप' के नाम से सम्बोधित किया जाने लगा। नदी के सूखने या लुप्त हो जाने के बाद प्रकट हुई धरती को 'नवखंड' की संज्ञा दी गई। इस प्रकार इस निर्जन स्थल को 'सप्तद्वीप नवखंड' कहा जाने लगा।

'सप्तद्वीप नवखंड' एक ऐसा स्थान था जहाँ चट्टानें अधिक थीं। इसलिए खेती पर निर्भर मनुष्यों को यह निर्जन स्थल अपनी ओर आकर्षित नहीं कर पाता था किन्तु नदी के विलुप्त होने के कारण प्रकट हुई धरती में अद्भुत उर्वरा शक्ति थी। कुछ ही वर्षों में 'सप्तद्वीप नवखंड' की धरती हरियाली से ढँक गई। विभिन्न प्रकार की वनस्पतियाँ वहाँ उग आई थीं। शीघ्रता से बढ़नेवाले पौधों ने जल्दी ही पेड़ का रूप ले लिया। वनस्पतियों में फूल और फल लगने लगे। पेड़ों पर चिड़ियों ने पनाह लेना आरम्भ कर दिया। यह इस नवखंड की वह अवस्था थी जब उधर से गुजरनेवाले यात्रियों

को यह निर्जन वनस्थल अपनी प्राकृतिक सम्पदा की ओर आकर्षित करने लगा।

धीरे-धीरे वहाँ लोग आकर बसने लगे। 'सप्तद्वीप नवखंड' नाम से प्रसिद्ध यह स्थल अब मनुष्यों के रहने योग्य बनाया जाने लगा। चट्टानें तरासी गईं। समतल भूमि पर बिछे घास-फूस की जगह धान की हरियाली छाने लगी। गेहूँ, मक्का, ज्वार, बाजरा जैसे मानवोपयोगी अनाज उगाए जाने लगे। झाड़-झंखाड़ के स्थान पर फलदार वृक्षों के पौधे लगाए जाने लगे। इस तरह 'सप्तद्वीप नवखंड' की धरती अपने प्राकृतिक ऐश्वर्य से ओत-प्रोत हो गई। वहाँ बसनेवाले लोग किसी एक प्रान्त के नहीं थे। विभिन्न प्रान्तों से आकर बसे लोगों के साथ कोई वंशावली नहीं थी। कोई 'वंश-वृक्ष' नहीं था। वे सबके सब अपना अतीत छोड़ आए थे। वंश-बंधु से दूर थे। इसलिए इस 'सप्तद्वीप नवखंड' में एक मिश्रित संस्कृति का अभ्युदय हुआ। परस्पर सहयोग की संस्कृति! साहचर्य की संस्कृति! समुच्चय प्राप्त करने के लिए सतत कर्मशील रहने की संस्कृति!

जहाँ एक-दूसरे की गति-प्रगति का ध्यान रखनेवाले लोग बसते हों वहाँ वैभव स्वयं प्रकट होता है। ऐसा ही हुआ 'सप्तद्वीप नवखंड' में। वहाँ फल-फूल और अनाज का प्रचुर उत्पादन होने लगा। 'सप्तद्वीप नवखंड' से फल-सब्जियाँ और अनाज पड़ोसी राज्यों के लोग खरीदकर ले जाने लगे। इस तरह 'सप्तद्वीप खंड' में व्यापारिक-संरचना' भी तैयार होने लगी। परस्पर सहयोग पर निर्भर वहाँ के निवासियों ने अपने लिए एक शासन प्रणाली भी विकसित कर ली। इस तरह 'सप्तद्वीप नवखंड' ने एक राज्य का रूप अख्तियार कर लिया।

चूँकि विजयनगर के पास ही बसा हुआ था यह सप्तद्वीप नवखंड इसलिए वहाँ की व्यापार प्रणाली और शासन प्रणाली दोनों पर विजयनगर का प्रभाव था। विजयनगर के शिल्पियों द्वारा निर्मित विविध सामग्री 'सप्तद्वीप नवखंड' को भेजी जाती और बदले में वहाँ से साग-सब्जी, फल और अनाज विजयनगर के लिए आता। महाराज कृष्णदेव राय के पूर्वजों के समय से ही यह विनिमय-परम्परागत चल रही थी। महाराज कृष्णदेव राय के समय में सप्तद्वीप नवखंड लोक-समर्थित महाराज थे विचित्र भानु! महाराज विचित्र भानु में ऐश्वर्य की लिप्सा अधिक थी। उन्होंने अपने राज्य

की सीमाओं को सुरक्षित करने के लिए सैन्य-दल का गठन किया। उनसे पूर्व जिस किसी का शासन सप्तद्वीप नवखंड राज्य पर हुआ, उसने राज्य के व्यापारिक सम्बन्धों को सुदृढ़ बनाने का ही काम किया था। किसी भी राज्य से आनेवाले यात्रियों को राज्य में प्रवेश की खुली सुविधा थी। विचित्र भानु ने शासन सँभालते ही कई तरह की निषेधाज्ञा जारी की। उसके सत्ता में आते ही राज्य में प्रवेश करनेवाले व्यापारियों से वाणिज्यिक शुक्ल की वसूली अनिवार्य कर दी गई। 'सप्तद्वीप नवखंड' में वाणिज्यिक प्रवेश पर शुल्क लगाए जाने के परिणामस्वरूप कई पड़ोसी राज्यों से उसके राजनयिक-सम्बन्ध सामान्य नहीं रह गए। महाराज विचित्र भानु की धन-लिप्सा बढ़ती गई। उसने अपनी प्रजा से भी विभिन्न मदों में शुल्क लेने का चलन आरम्भ किया।

महाराज विचित्र भानु के इन कदमों से 'सप्तद्वीप नवखंड' की प्रजा में क्षोभ उत्पन्न होने लगा। प्रजा की प्रतिक्रिया से बेपरवाह महाराज विचित्र भानु अपनी ही गति से बढ़ रहा था। उसने अपने सैन्य बल की स्थापना के बाद एक गुप्तचर संगठन की आवश्यकता भी महसूस की और शीघ्र ही उसके राज्य में पहली बार 'गुप्तचर संगठन' की संरचना तैयार हो गई। उसका दर्प बढ़ रहा था। वह गुप्तचर संगठन से मिलनेवाली सूचनाओं के आधार पर अपनी नीतियाँ निर्धारित करने लगा। 'सप्तद्वीप नवखंड' में पहली बार ऐसा हुआ जब राजा और प्रजा के बीच सीधे संवाद की राह बन्द हो गई। पहले सप्तद्वीप नवखंड का राजा किसी भी कार्य के आरम्भ से पहले प्रजा की राय लेना आवश्यक समझता था। विचित्र भानु के शासनकाल में प्रजा-राजा संवाद की परिपाटी का पटापेक्ष हो गया।

अपनी ही धुन में मग्न महाराज विचित्र भानु अब अपने सैन्य बल और गुप्तचर संगठन के बूते स्वेच्छाचारी होने लगा। वह जहाँ कहीं भी जाता उसके आसपास चुनिन्दा लड़ाकों का सशस्त्र दस्ता उसकी सुरक्षा के लिए तैनात रहता। 'सप्तद्वीप नवखंड' की प्रजा पर अत्याचार बढ़ने लगा। शुल्क वसूली के कारण राज्य में राजस्व की वृद्धि अवश्य हो रही थी किन्तु प्रजा सुखी नहीं थी। निषेधाज्ञा के कारण 'सप्तद्वीप नवखंड' में व्यापारियों का आना-जाना कम होने लगा। पड़ोसी राज्यों में जहाँ कहीं भरे सप्तद्वीप-नवखंड से वनोपजों का निर्यात होता था वहाँ अब सप्तद्वीप नवखंड के व्यापारियों का महत्त्व

कम होने लगा। गुप्तचर संगठनों से राज्य की लगातार कम होती साख की सूचना मिलने पर महाराज विचित्र भानु को समझ में नहीं आया कि उसके राज्य के प्रति पड़ोसी राज्यों के व्यवहार में आए परिवर्तन का कारण क्या है। उसने मन-ही-मन तय कर लिया कि वह इस परिवर्तन का कारण जानने के लिए पड़ोसी राज्यों में अपने गुप्तचरों का एक सर्वेक्षण दस्ता भेजेगा। यह दस्ता अन्य बातों के अलावा यह भी पता करेगा कि वहाँ बसे सभी राज्यों में सबसे लोकप्रिय शासक कौन है तथा सबसे वैभव-सम्पन्न राज्य कौन-सा है? अपने इस निर्णय तक पहुँचने में महाराज विचित्र भानु ने अपने मंत्रियों, दरबारियों अथवा प्रजाजनों से कोई सलाह लेने की आवश्यकता भी नहीं महसूस की। अपनी सनक में वह गुप्त सूचनाएँ प्राप्त करता रहा।

'सर्वेक्षण दस्ता' तैयार करने के मंसूबे को अमली जामा पहनाने के लिए उसने अपने गुप्तचरों को बुलाया और उनसे बातचीत करते हुए कुछ गुप्तचरों को पड़ोसी राज्यों के आन्तरिक सर्वेक्षण के लिए भेज दिया। इन गुप्तचरों को निर्देश मिला कि वे सम्बद्ध राज्य में जाएँ और वहाँ सामान्य नागरिक की तरह रहकर यह जानने का प्रयत्न करें कि वहाँ की प्रजा और राजा के बीच कैसा सम्बन्ध है। क्या उस राज्य की प्रजा खुशहाल है? क्या प्रजा के बीच राजा लोकप्रिय है? ऐसे ही अनेक प्रश्नों का उत्तर जानने के लिए गुप्तचरों के सर्वेक्षण दस्ते के सदस्य आस-पास के राज्यों में प्रवेश कर गए। उन्हें अधिकतम छः माह की अवधि में अपना सर्वेक्षण कार्य पूरा कर लेने का निर्देश मिला था।

छः माह की अवधि पूर्ण हुई। 'सप्तद्वीप नवखंड' के गुप्तचर पड़ोसी राज्यों से लौटे। महाराज विचित्र भानु को गुप्तचरों ने एकत्र की गई सूचनाएँ सौंपीं। इन सूचनाओं के अध्ययन से उसे ज्ञात हुआ कि पड़ोसी राज्य विजयनगर सबसे वैभवशाली राज्य है। वहाँ की प्रजा खुशहाल है और वहाँ के राजा महाराज कृष्णदेव राय अपने राज्य में तो सर्वाधिक लोकप्रिय हैं ही, आस-पास के राज्यों में उनके जैसा लोकप्रिय राजा कोई नहीं है।

सर्वेक्षण दस्ते से मिली सूचनाओं के निष्कर्ष से महाराज विचित्र भानु आहत हुआ। इन सूचनाओं से उसके अभिमान को ठेस पहुँची थी। अब उन पर यह जानने की सनक सवार हो गई कि विजयनगर में ऐसा क्या है जिससे वहाँ के लोग खुशहाल हैं?

सर्वेक्षण दस्ता एक बार फिर सक्रिय हो उठा। कुछ दिनों में ही महाराज विचित्र भानु को सर्वेक्षण दस्ते का सर्वेक्षण-निष्कर्ष प्राप्त हुआ कि विजयनगर के लोग परिश्रमी हैं। प्रायः प्रत्येक घर में रोजगार का कोई न कोई परम्परागत साधन है। वहाँ कपड़े बुननेवालों का गाँव है तो मिट्टी के बर्तन बनानेवालों का गाँव भी। लोहे का काम करनेवालों का गाँव है तो सोना और चाँदी का काम करनेवालों का भी। पूरे विजयनगर में कुटीर और लघु उद्योगों का जाल बिछा हुआ है। खेत-खलिहानों में काम करनेवाले लोगों के पास भी कोई न कोई पारम्परिक धन्धा अवश्य है। विजयनगर के सभी गाँवों में एक साम्य यह भी है कि वहाँ के प्रत्येक परिवार के पास दुधारू पशु उपलब्ध हैं। गाय, भैंस, बकरी हर परिवार में है इसलिए दूध, दही, घी, मक्खन आदि की बहुतायत है। विजयनगर के महाराज कृष्णदेव राय के पास भी एक समृद्ध गोशाला है। दुग्ध-उत्पादों को विजयनगर के वैभव का मुख्य आधार माना जाता है। दुग्ध-उत्पादों की प्रचुरता और उपलभ्यता से ही विजयनगर के निवासी हृष्ट-पुष्ट-तन्दुरुस्त हैं। वहाँ ऐसे लोगों की कमी नहीं है जो हाथियों से भी टक्कर लेने की सामर्थ्य रखते हैं।

महाराज विचित्र भानु ने जब सर्वेक्षण दल का यह निष्कर्ष सुना तब चिन्तित हो उठा। उसने तो स्वयं को ही सबसे सामर्थ्यवान राजा मान लिया था। सर्वेक्षण दल से विजयनगर के महाराज कृष्णदेव राय के बारे में उसे जो जानकारियाँ मिलीं उससे वह उद्वेलित हो उठा। स्वयं को सबसे प्रतापी मानने का दंभ पालनेवाले कभी भी अपने आगे किसी अन्य की प्रशंसा स्वीकार नहीं कर पाते हैं। महाराज विचित्र भानु का भी यही हाल था। उसमें विजयनगर की समृद्धि के प्रति ईर्ष्या का भाव जाग्रत् हुआ। ईर्ष्या में पड़े सामान्य मनुष्य की तरह वह भी तिल-तिल कर जलने लगा। अन्ततः उसने अपने गुप्तचर संगठन को निर्देश दिया कि संगठन के सदस्य कोई ऐसी तरकीब अपनाएँ जिससे विजयनगर के लोग अपनी गायों को शीघ्रता से बेचने का निर्णय लेने के लिए बाध्य हो जाएँ।

और इस प्रकार 'सप्तद्वीप नवखंड' का गुप्तचर संगठन पड़ोसी राज्य विजयनगर में सक्रिय हो गया।

एक दिन महाराज कृष्णदेव राय अपने दरबार में बैठे हुए थे। आम दिनों की तरह दरबार में काम-काज चल रहा था। दरबार में चर्चा चल रही थी कि विजयनगर के गाँवों में इन दिनों एक ही चर्चा चल रही है कि कोई भीषण संक्रामक रोग से आस-पास के राज्यों में मवेशी मर रहे हैं। आम तौर पर यह रोग हृष्ट-पुष्ट गायों पर तेजी से असर डालता है। बैल और बछड़ों पर कम। ग्रामीण इस संक्रामक रोग के बारे में सुनकर आतंकित हो उठे हैं कि कहीं इस रोग से प्रभावित होकर उनकी गायें न मर जाएँ!

महाराज कृष्णदेव राय के कानों में जब यह बात पड़ी तो उन्होंने संक्रामक रोग की चर्चा करनेवाले दरबारी को टोक दिया, "सुकेतु! फिर से बोलना, गायों को कौन-सा रोग लग रहा है? ग्रामीणों में कैसा आतंक हैं?"

महाराज कृष्णदेव राय में अपनी प्रजा के प्रति संवेदनशीलता थी इसलिए प्रजा से जुड़ी छोटी-से-छोटी बात पर वे ध्यान देते थे। उनके टोकते ही उनका दरबारी सुकेतु अपने स्थान से उठा और बोला, "महाराज! मेरे गाँव के लोग डरे हुए हैं कि उनकी गायों को कोई छूत का रोग नहीं लग जाए! पूरे गाँव में इन दिनों इस बात की चर्चा हो रही है कि एक रोग बहुत तेजी से फैल रहा है। इस रोग के प्रभाव में आने के बाद गाय तुरन्त मर जाती है। और जिस गाँव में इस रोग से एक गाय मरती है तो फिर उस गाँव में ताबड़तोड़ गायों के मरने का सिलसिला आरम्भ हो जाता है। यह विचित्र रोग आम तौर पर पूर्ण स्वस्थ गायों पर ही अपना प्रभाव तेजी से डालता है!"

"...तो तुम यह कहना चाहते हो कि तुम्हारे गाँव में गायों की महामारी फैल गई है?" महाराज कृष्णदेव राय ने पूछा।

"जी हाँ, महाराज!" सुकेतु ने उत्तर दिया।

महाराज ने इशारा करके सुकेतु को बैठ जाने का संकेत किया। सुकेतु अपने आसन पर बैठ गया।

इसके तुरन्त बाद एक अन्य दरबारी ने कहा, "महाराज! इस तरह की चर्चा मेरे गाँव में भी हो रही है।"

पुनः कुछ अन्य दरबारियों ने भी समान सूचना महाराज को दी। उस समय दरबार में तेनाली राम भी उपस्थित था। दरबार में हो रही चर्चाओं

से महाराज कृष्णदेव राय चिन्तित हो उठे। महाराज के चेहरे पर चिन्ता की रेखाएँ देखकर तेनाली राम सक्रिय हुआ। अपने आसन से उठकर उसने सभासदों से पूछा, ''क्यों भाइयो, आपमें से और किसी ने गायों की महामारी के बारे में सुना है?''

कई स्वर उभरे, ''मैंने! मैंने! मैंने!"

तेनाली राम ने फिर एक सवाल किया, "बन्धुओ! क्या आपमें से किसी ने महामारी से कहीं गायों को मरते देखा है?''

दरबार में सन्नाटा छा गया। किसी ने तेनाली राम के इस प्रश्न का सकारात्मक उत्तर नहीं दिया। तेनाली राम की मुखमुद्रा गम्भीर हो गई। उस दिन दरबार के समापन तक महाराज और तेनाली राम दोनों गम्भीर बने रहे। महाराज चिन्तित थे कि उनके राज्य के मवेशियों पर किसी अनजाने संक्रामक रोग का खतरा मँडरा रहा है...और तेनाली राम इस घटना में किसी षड्यंत्र की सम्भावना पर विचार कर रहा था।

दरबार के समापन के बाद जब सभी सभासद लौट गए तब महाराज कृष्णदेव राय ने तेनाली राम से पूछा, ''तेनाली राम! क्या तुमने कभी ऐसे रोग के बारे में सुना है जिसका प्रकोप केवल स्वस्थ और हृष्ट-पुष्ट गायों पर ही होता हो? इतनी अवस्था हो जाने के बाद भी मैंने पहले ऐसी महामारी के बारे में नहीं सुना!...तुमने सुना हो तो बताओ!...यह एक गम्भीर समस्या है और इस समस्या को सुलझाना मेरा कर्तव्य है! राज-धर्म है!''

महाराज की बातें सुनकर तेनाली राम ने कहा, ''नहीं महाराज! इससे पहले मैंने कभी इस तरह की किसी महामारी के बारे में नहीं सुना है लेकिन आप चिन्ता नहीं करें, शीघ्र ही सच्चाई सामने आ जाएगी। यदि कोई रोग है तो उसका निदान राजवैद्य निकाल ही लेंगे...''

''...और हम हाथ पर हाथ धरे तब तक बैठे रहें?'' महाराज कृष्णदेव राय ने कुपित स्वर में पूछा।

''नहीं महाराज! मुझ पर भरोसा करें। मैं सक्रिय हो चुका हूँ। तब ही मैंने निवेदन किया है कि शीघ्र ही सच्चाई सामने आ जाएगी। अभी मैं इससे अधिक कुछ भी कहने की स्थिति में नहीं हूँ।'' तेनाली राम ने विनम्रता के साथ महाराज कृष्णदेव राय से कहा।

तेनाली राम का उत्तर सुनकर महाराज मौन हो गए। वह उनसे आज्ञा

लेकर अपने घर वापस आ गया। वह चिन्तित था। पता नहीं क्यों, उसका दिमाग यह स्वीकार नहीं कर पा रहा था कि कोई ऐसा रोग भी होता है जो केवल स्वस्थ गायों को अपनी चपेट में लेकर पलों में उसे मार डालता है...ऐसा तो सर्पदंश में भी नहीं होता!

दूसरे दिन महाराज कृष्णदेव राय का दरबार लगा हुआ था। सभी सभासद अपने आसनों पर विराजमान थे। महाराज कुछ विलम्ब से आए। दरबार में चर्चा चल रही थी कि विजयनगर के कुछ गाँवों में मवेशियों के व्यापारी घूम रहे हैं और ग्रामीण बहुत कम मूल्य लेकर उनसे गायें बेच रहे हैं। महाराज कृष्णदेव राय तक जब यह बात पहुँची तब उन्होंने पश्चात्ताप की मुद्रा में कहा, "आह! अब यही होना था...।" विवश से महाराज कृष्णदेव राय ने तेनाली राम के आसन की ओर देखा। आसन रिक्त था। तेनाली राम दरबार में उपस्थित नहीं था। महाराज को एक कचोट-सी हुई। वे इस समय तेनाली राम की आवश्यकता तीव्रता से महसूस कर रहे थे।

दरबार में कामकाज चल रहा था। महाराज कृष्णदेव राय बार-बार तेनाली राम के आसन की ओर देख रहे थे। आसन रिक्त था। उस दिन दरबार के समापन तक तेनाली राम नहीं आया। दूसरे दिन दरबार में तेनाली राम सशस्त्र बल के जवानों के साथ दरबार में उपस्थित हुआ। सशस्त्र बल के जवानों ने पाँच अजनबियों को रस्सियों में जकड़कर महाराज के सामने प्रस्तुत किया।

महाराज कृष्णदेव राय को जब कुछ भी समझ में नहीं आया तब पूछा, "यह सब क्या है तेनाली राम?"

तेनाली राम ने उत्तर दिया, "महाराज! यह सब एक बड़े षड्यंत्र का छोटा-सा हिस्सा है। कृपया इन गिरफ्तार लोगों को कारागार में डालने का आदेश दें। इन लोगों पर आरोप है कि ये भोले-भाले ग्रामीणों को झाँसा देकर उनकी गायें बहुत कम मूल्य पर खरीद रहे थे। इस काम में एक बड़ा गिरोह काम कर रहा है। ये लोग उसी गिरोह के सदस्य हो सकते हैं।" थोड़ी देर की चुप्पी के बाद तेनाली राम ने कहा, "महाराज! शेष बातें न्यायिक प्रक्रिया के समय हो जाएँगी। इन लोगों को कारागार में डालने का निर्देश दें। इनसे बरामद हुई गायों को राज्य की गोशाला में रखने की व्यवस्था करा दें।

भविष्य में गायें इन बदमाशों के अपराध का साक्ष्य बनेंगी। इन गायों के वास्तविक स्वामियों का नाम-पता आदि सुरक्षा अधिकारी की पंजी में है। शेष बातें मैं बाद में करूँगा। अभी मुझे कुछ विशेष कार्य करने हैं जो राज्य-हित में परम आवश्यक है इसलिए मुझे अनुमति दें!"

महाराज कृष्णदेव राय कोई प्रतिक्रिया व्यक्त कर पाते, उससे पूर्व ही तेनाली राम मुड़कर तेजी से दरबार के बाहर चला गया। दरबार में थोड़ी देर तक सन्नाटा छाया रहा। रस्सी में बँधे लोगों के आर्त स्वरों से यह सन्नाटा टूटा, "महाराज! दुहाई हो महाराज! दुहाई!"

महाराज कृष्णदेव राय ने पूछा, "क्या कहना चाहते हो?"

"महाराज, हम लोग पड़ोसी राज्य के 'सप्तद्वीप नवखंड' के मवेशी व्यापारी हैं। आपके राज्य में आकर हम पहली बार मवेशी खरीद रहे थे कि हमें गिरफ्तार कर लिया गया। महाराज, हमने कोई अपराध नहीं किया है। हम ग्रामीणों द्वारा बताए गए मूल्य पर ही उनसे उनकी गायें खरीद रहे थे कि हमें पकड़ लिया गया और हमसे खरीदी गई गायें छीन ली गईं! महाराज, न्याय करें!"

महाराज कुछ कहते कि महामंत्री ने अपने आसन से उठकर प्रश्न किया, "तुम सप्तद्वीप नवखंड के मवेशी व्यापारी हमारे राज्य में मवेशियों के व्यापार के लिए कैसे आ गए? तुम्हारे राज्य में तो व्यापारियों के प्रवेश पर शुल्क लिया जाता है...फिर दूसरे राज्यों के समान सुविधा तुम निःशुल्क कैसे प्राप्त कर सकते हो?"

"...महाशय! आपके राज्य में विधि-सम्मत दृष्टि से किसी भी तरह के प्रवेश शुल्क का निर्धारण नहीं हुआ है...यदि होता तो हम वह वैधानिक शुल्क अवश्य चुकाते।"

महाराज कृष्णदेव राय को उस व्यक्ति का उत्तर किसी राज्य के सामान्य नागरिक का उत्तर नहीं लगा। उन्होंने महामंत्री को मौन हो जाने का संकेत किया और सुरक्षा अधिकारी को निर्देश दिया, "गिरफ्तार लोगों को कारागार में डाल दिया जाए। तेनाली राम की उपस्थिति में ही उनके अपराध अथवा दंड के बारे में कोई चर्चा होगी।"

तीन दिनों के बाद महाराज कृष्णदेव राय के दरबार में एक विचित्र दृश्य देखने को मिला। भरे दरबार में पाँच महिलाओं और पाँच पुरुषों को सुरक्षाकर्मियों ने उपस्थित किया। इन सबके हाथ पीछे की ओर बँधे थे। महाराज के सामने उपस्थित होते ही ये लोग दुहाई-दुहाई चिल्लाने लगे। महिलाएँ विलाप करने लगीं। उनके बिलखने से पूरा दरबार हत्प्रभ रह गया। महाराज कृष्णदेव राय के दरबार में इससे पहले कभी भी ऐसा दृश्य उपस्थित नहीं हुआ था। महाराज कुछ कहते या फिर दरबारियों से कोई प्रतिक्रिया उभरती, उससे पहले ही तेनाली राम ने दरबार में प्रवेश किया और अपने आसन पर बैठ गया।

महाराज कृष्णदेव राय ने जब तेनाली राम की ओर देखा तो पाया कि वह किसी गहन चिन्ता में डूबा है।

महाराज कृष्णदेव राय ने तेनाली राम को चिन्ता में डूबे देखकर पूछा, ''क्या बात है तेनाली राम! आज कुछ चिन्तित मुद्रा में हो? तीन दिनों तक यहाँ आए ही नहीं...कोई सूचना भी नहीं दी...''

''महाराज!'' बीच में ही बोलते हुए तेनाली राम ने कहा, "अभी तो आप इन पाँच जोड़ों को अविलम्ब कारागार में भेज दें! इन लोगों पर ग्रामीणों के बीच अफवाह फैलाकर उन्हें आतंकित करने का आरोप है। इनके अफवाह फैलाने के प्रयासों का पर्याप्त साक्ष्य मेरे पास है। मैंने इन्हें इस कार्य में संलग्न पाया है। शेष बातें मैं बाद में करूँगा।"

महाराज कृष्णदेव राय ने तेनाली राम के गम्भीर भाव को भाँपते हुए समझ लिया कि कोई ऐसी बात अवश्य है जो वह अन्य दरबारियों के समक्ष नहीं कहना चाहता है। महाराज के निर्देश पर पाँचों जोड़ों को कारागार में डाल दिया गया।

महाराज कृष्णदेव राय ने अविलम्ब सभा विसर्जित कर दी। फिर तेनाली राम से कहा, ''अब कहो तेनाली राम! कहाँ रहे तीन दिन? क्या करते रहे?...और इतने गम्भीर क्यों हो?''

"महाराज, चिन्ता की बात है। विजयनगर में अराजकता फैलाने का प्रयास हो रहा है। अभी-अभी जिन जोड़ों को कारागार में भेजा गया है वे सभी पड़ोसी राज्य 'सप्तद्वीप नवखंड' के रहनेवाले हैं। इससे पहले जो लोग मवेशियों की खरीद-बिक्री के मामले में पकड़े गए थे, वे लोग भी उसी राज्य के रहनेवाले

हैं। महाराज! मैंने जो सूचनाएँ एकत्रित की हैं उनमें सबसे चिन्ता की बात यह है कि 'सप्तद्वीप नवखंड' का राजा विचित्र भानु बहुत ही महत्त्वाकांक्षी है और अपनी धन-लोलुपता के कारण उसने अपने राज्य में विविध शुल्कों का प्रावधान किया है जिससे उसकी प्रजा त्रस्त है। इसमें हमारे लिए यह सूचना सतर्क करनेवाली है कि पड़ोसी राज्य 'सप्तद्वीप नवखंड' में तेज गति से सशस्त्र सेना का विकास हो रहा है। विजयनगर के सीमान्त क्षेत्रों में 'सप्त नवखंड' के सैनिकों की गतिविधियाँ बढ़ रही हैं। ऐसा प्रतीत होता है कि 'सप्तद्वीप नवखंड' के सैनिक किसी सामरिक तैयारी में हैं, इसलिए महाराज! मेरी सलाह है कि सेनापति को आप स्थितियों की सूचना दे दें और उन्हें निर्देश दे दें कि विजयनगर की सीमाओं पर सैन्य चौकसी बढ़ा दी जाए। महत्त्वाकांक्षी, धन-लोलुप विचित्र भानु कब हमारी सीमाओं का अतिक्रमण करने को उत्सुक हो जाए, कहा नहीं जा सकता।" यह सब कहते समय तेनाली राम के चेहरे पर अपूर्व गम्भीरता छाई हुई थी। उसकी आँखों में ऐसे दूरद्रष्टा भाव थे जिन्हें देखकर यह सोचा भी नहीं जा सकता था कि तेनाली राम विजयनगर के दरबार में एक विदूषक मात्र है जिसका काम महाराज कृष्णदेव राय को हँसाना है, समय-समय पर दरबारियों को अपने चुटीले-हास्य प्रयोगों से प्रफुल्लित करना है।

महाराज कृष्णदेव राय अभी तक तेनाली राम की बातें गम्भीरता से सुन रहे थे। उन्होंने अपनी चुप्पी तोड़ते हुए तेनाली राम से पूछा, "तेनाली राम! आखिर तुम इस गम्भीर निष्कर्ष पर कैसे पहुँचे?"

"महाराज!" तेनाली राम ने उत्तर दिया, "मैंने अपने विश्वस्त अनुचरों को उस दिन ही 'सप्तद्वीप नवखंड' भेज दिया था जिस दिन मवेशियों को कम मूल्य पर खरीदने के प्रयास में कुछ लोग पकड़े गए थे। मेरे विश्वस्त अनुचरों में प्रशिक्षित गुप्तचरों जैसी सामर्थ्य है। उन्होंने 'सप्तद्वीप नवखंड' से सूचनाएँ एकत्रित कीं। इन सूचनाओं से यह स्पष्ट हो गया कि विजयनगर में 'सप्तदीप नवखंड' के भेदिए सक्रिय हैं। महाराज! आप एक कार्य और अविलम्ब करें कि जितने भी लोग मेरे अनुरोध पर कारागार में डाले गए हैं, उनसे कड़ाई से पूछताछ कराएँ। अभी कई महत्त्वपूर्ण तथ्य सामने आ जाएँगे!"

महाराज कृष्णदेव राय को तेनाली राम की यह सलाह पसन्द आ गई। उन्होंने तेनाली राम से कहा, "ठीक है, तेनाली राम! अब कल बातें होंगी! तुम अब अपना कार्य करो और मैं अपना कार्य करूँगा!"

तेनाली राम महाराज कृष्णदेव राय का अभिवादन करके दरबार से लौट गया।

महाराज कृष्णदेव राय से मिलने मध्य रात्रि में सुरक्षा अधिकारी और कारागार अधिकारी आए। गुप्त मंत्रणा कक्ष में बातें होती रहीं। कारागार अधिकारी और सुरक्षा अधिकारी को विदा करने के बाद बाद महाराज कृष्णदेव राय ने सुरक्षा प्रहरी को एक अतिरिक्त घोड़े के साथ तेनाली राम के घर जाकर उन्हें यथाशीघ्र बुला लाने के लिए कहा।

थोड़ी ही देर में सुरक्षा-प्रहरी के साथ घोड़े पर सवार तेनाली राम वहाँ पहुँच गया। उन्हें अविलम्ब महाराज के 'गुप्त मंत्रणा कक्ष' में प्रवेश मिल गया।

महाराज कृष्णदेव राय अपने आसन पर विराजमान थे। उनकी आँखें लाल थीं। रात भर जगने की थकान के लक्षण उनके चेहरे पर विराजमान थे। तेनाली राम की ओर थकी-दृष्टि डालते हुए उन्होंने उसे बैठने का संकेत किया। तेनाली राम एक आसन पर जैसे ही बैठा, महाराज कृष्णदेव अपने आसन से उठ खड़े हुए और धीरे-धीरे चलते हुए तेनाली राम के पास आ गए फिर तेनाली राम के कन्धों पर हाथ रखकर कहा, ''तेनाली राम! तुम्हारा अनुमान सही था। तुम्हारे द्वारा पकड़े गए लोग 'सप्तद्वीप नवखंड' राज्य के गुप्तचर संगठन के सदस्य हैं। वे पाँच जोड़े विजयनगर के गाँवों में यह अफवाह फैला रहे थे कि पड़ोसी राज्यों में मवेशियों की महामारी फैली है और इस माहमारी में स्वस्थ गायें ही मर रही हैं। इस अफवाह का उद्‌देश्य यह था कि लोग इस अफवाह से घबरा जाएँ और कम कीमत में अपनी गायों को बेचने के लिए तैयार हो जाएँ। मवेशी व्यापारियों का दल भी यहाँ सप्तद्वीप नवखंड के गुप्तचर संगठन ने ही भेजा था। तुम्हारी यह सूचना भी सही है कि विजयनगर के सीमा क्षेत्र में 'सप्तद्वीप नवखंड' की सैन्य गतिविधियाँ चिन्ताजनक रूप से बढ़ गई हैं। अब मुझे परामर्श दो कि हमें क्या करना चाहिए। विजयनगर के इतिहास में युद्ध का अस्तित्व नहीं है। हमारी प्रजा युयुत्सु नहीं है। हम शान्तिप्रिय हैं किन्तु हम अपनी अस्मिता की रक्षा करना भी जानते हैं।''

महाराज कृष्णदेव राय की गम्भीर और चिन्ता-बोझिल वाणी ने तेनाली राम को उद्वेलित कर दिया। महाराज कृष्णदेव राय का इतना सन्तप्त स्वर उसने कभी नहीं सुना था। थोड़ी चुप्पी के बाद सहज स्वर में तेनाली राम ने कहा, ''महाराज! आप सप्तद्वीप नवखंड के महाराज विचित्र भानु को एक प्रतिवाद पत्र भेजें जिसमें कहा गया हो कि 'सप्तद्वीप नवखंड के ऐसे सभी गुप्तचर गिरफ्तार कर लिये गए हैं जो विजयनगर में अराजक गतिविधियों में संलग्न थे। इन लोगों पर कड़ी कार्रवाई होगी। यदि 'सप्तद्वरीप नवखंड' के गुप्तचरों की गतिविधियाँ नहीं रोकी गईं तो हम विवश होकर अपनी सुरक्षा के लिए कोई भी कदम उठाने के लिए बाध्य होंगे। ऐसे में पड़ोसी राज्य होने की मर्यादा का ध्यान रखना हमारे लिए आवश्यक नहीं रह जाएगा।' पत्र में यह सन्देश भी होना चाहिए कि 'विजयनगर के सीमान्तकों पर चल रही सप्तद्वीप नवखंड के सैनिकों की गतिविधियाँ अविलम्ब रोकी जाएँ अन्यथा हमें भी अपनी शक्ति और सामर्थ्य का प्रदर्शन करने के लिए बाध्य होना पड़ेगा।' '' इस बातचीत के बाद तेनाली राम घर लौट आया।

महाराज कृष्णदेव राय का पत्र जब सप्तद्वीप नवखंड के राजा महाराज विचित्र भानु के पास पहुँचा तब वह क्रोध से काँप उठा। उसे अपने बाहुबल और सैन्य संगठन पर बहुत घमंड था। क्रोधावेग में उसने विजयनगर के महाराज के पत्रवाहक दूत से कहा, ''जाओ! महाराज कृष्णदेव राय को कहो कि हमारे गुप्तचरों को अविलम्ब कारागार से मुक्त कर दें अन्यथा परिणाम भुगतने के लिए तैयार रहें। हम उन्हें तीन दिनों का समय दे रहे हैं। तीन दिनों में हमारे आदमी हम तक नहीं पहुँचे तो परिणाम इतना भयंकर होगा कि उसे विजयनगर की पीढ़ियाँ स्मरण करेंगी!''

दूत ने लौटकर महाराज कृष्णदेव राय को सारी बातें बताईं। गुप्तचरों को छोड़ने का कोई कारण नहीं था किन्तु यह महाराज कृष्णदेव राय के लिए अनिर्णय की भी घड़ी थी...विजयनगर पर युद्ध के काले अवसादकारी बादल मँडरा रहे थे।

ऐसी घड़ी में तेनाली राम ने महाराज कृष्णदेव राय से कहा, "महाराज! आप इस संशय में न पड़ें कि विजयनगर के इतिहास में युद्ध कभी नहीं

हुआ! जो कभी अतीत में नहीं हुआ वह भविष्य में नहीं होगा, ऐसा मानकर अनिर्णय में रहना उचित नहीं। संशयमुक्त होकर सीमा की रक्षा का निर्देश अपने सशस्त्र सैन्य बल को दें।"

तीन दिन बीते। विजयनगर की सीमा पर भीषण संग्राम मच गया। इस घनघोर युद्ध में सप्तद्वीप नवखंड के राजा विचित्र भानु को स्वयं महाराज कृष्णदेव राय ने पराजित कर बन्दी बना लिया।

युद्धोन्माद के थमने के बाद विजयनगर में एक विजयोत्सव का आयोजन हुआ। इस आयोजन में तेनाली राम एक त्रिपुंड्रधारी ब्राह्मण के वेश में उपस्थित हुआ। विजयोल्लास में विजयनगर की प्रजा भी शामिल थी।

महाराज कृष्णदेव राय ने 'सप्तद्वीप नवखंड' के बंदी राजा विचित्र भानु को भी उचित आसन देकर बैठाया।

यह समारोह सैन्य बलों के उत्साहवर्द्धन के लिए था–इसलिए आयोजन में सेना के जवानों द्वारा विविध सैन्य कलाओं का प्रदर्शन हुआ है। इस बीच ही एक पारदर्शी पात्र में पानी लेकर तेनाली राम मंच पर आया और बोला, "बंधुओ, यह जलपात्र विजयनगर है। विजयनगर के निवासी इसमें भरे पानी की तरह हैं जिन्हें कोई भी खंडित नहीं कर सकता। पानी निकालो–थोड़ा-सा इस पात्र से...देखो इसमें कोई गड्ढा नहीं पड़ेगा–पानी समानता में बँटेगा–और यह पड़ोसी राज्य सप्तद्वीप नवखंड हमारे लिए इस पुड़िया की तरह है..."

तेनाली राम ने अपना दूसरा हाथ ऊपर उठाकर लोगों को दिखाया। उसकी उँगलियों में एक पुड़िया दबी थी। तेनाली राम ने उस पुड़िया को पानी में डाल दिया। पात्र का पानी लाल हो उठा लेकिन पुड़िया पानी में गल गई!... लोग हँसने लगे।

तेनाली राम ने फिर लोगों से पूछा, "समझे कुछ?"

भीड़ से समवेत स्वर उभरा, "मिट गया सतद्वीप नवखंड का अस्तित्व!"

तभी सप्तद्वीप नवखंड का महाराज विचित्र भानु अपने आसन से उठा और महाराज कृष्णदेव राय के सम्मुख घुटने के बल खड़ा होकर हाथ जोड़कर बोला, "महाराज! मेरे अपराध क्षमा करें!" और इसके बाद उसके गले से कोई बोल नहीं फूटा।

महाराज कृष्णदेव राय ने विचित्र भानु का कन्धा पकड़कर उठाया...उसी समय तेनाली राम ने कहा, "और आरम्भ हुआ नया सह-अस्तित्व!"

विजयनगर की प्रजा की तालियों की अनुगूँज के बीच महाराज कृष्णदेव राय सप्तद्वीप नवखंड के राजा विचित्र भानु को क्षमा कर अपने गले से लगा रहे थे।

वैभव की वास्तविकता

सप्तद्वीप नवखंड राज्य के राजा विचित्र भानु की युद्ध-पिपासा शान्त हो चुकी थी। विजयनगर के साथ युद्ध में उसे पराजय का मुँह देखना पड़ा था। उसकी क्षमा-याचना को विजयनगर के राजा महाराज कृष्णदेव राय ने जिस सहृदयता से लिया था उसे देखकर विचित्र भानु विस्मित रह गया था। महाराज कृष्णदेव राय की उदारता से उसे यह बोध हुआ था कि किसी भी शासक के लिए अभिमान और अहंकार उचित नहीं है। पराक्रमी होने का यह कदापि अर्थ नहीं है कि बल-प्रयोग से अकारण किसी की अस्मिता पर चोट पहुँचाई जाए। इस पराजय के बाद वह स्थिरचित्त से अपनी प्रजा की भलाई के कार्यों में लग गया। सैन्य सामग्रियों पर होनेवाला व्यय अब कुएँ खुदवाने, तालाब बनवाने आदि कार्यों पर होने लगा। वह अपने राज्य के ग्रामों को राजधानी से जोड़ने के उपक्रम में सड़कें बनवाने लगा। विजयनगर में उसने देखा था कि वहाँ की प्रजा अपने राजा, महाराज कृष्णदेव राय से किस तरह जुड़ी हुई है—महाराज कृष्णदेव राय उत्सव के समय अपने प्रजाजनों से आत्मीयता से बातें करते थे और प्रजा के वरिष्ठ जनों को तो वे नाम लेकर बुलाते थे...यह स्थिति दर्शाती थी कि महाराज कृष्णदेव राय सीधे अपनी प्रजा के सम्पर्क में हैं। इस निष्कर्ष पर पहुँचने के बाद महाराज विचित्र भानु ने अपना सुरक्षा घेरा शिथिल किया। अब वह प्रजा के लिए भी उपलब्ध था। सप्ताह के सात दिनों में एक दिन ऐसा भी था जिस दिन कोई भी आदमी उससे सीधा सम्पर्क साध सकता था। अपना सरोकार बता सकता था। अनुनय-विनय कर सकता था।

इस तरह विचित्र भानु अपनी प्रजा के बीच लोकप्रिय होने लगा और एक दिन ऐसा भी आया जब उसे लगा कि राज्य की रक्षा के नाम पर व्यर्थ

ही बहुत व्यय करना पड़ता है। सीमा की सुरक्षा पर लगे सैनिकों की संख्या कम होनी चाहिए। इस निष्कर्ष पर पहुँचते ही महाराज विचित्र भानु ने सैनिकों को सीमा से बुलाकर उन्हें विविध उद्योग-धन्धों में लगाना आरम्भ कर दिया। महाराज विचित्र भानु में आए इस परिवर्तन से प्रजा खुश थी। कुछ ही समय में मिश्रित संस्कृतियोंवाला यह राज्य फिर से खुशहाल हो गया।

दूसरी ओर सप्तद्वीप खंड के साथ हुए युद्ध का प्रतिकूल प्रभाव विजयनगर के राजा महाराज कृष्णदेव राय पर हुआ। वे इस बात से उद्वेलित थे कि विजयनगर को युद्ध का सहारा लेना पड़ा। अतीत में उनके पूर्वजों द्वारा जो नहीं किया गया, वह उन्होंने किया। उफ! यह अनर्थ भी तो राज्य-लिप्सा के कारण ही करना पड़ा! महाराज कृष्णदेव राय का मन अवसन्न हो गया। एक विचित्र सी विरक्ति के वशीभूत होकर वे कुछ अनमने से रहने लगे। कभी दरबार में जाते, कभी नहीं जाते, कभी बोलते, कभी मौन हो जाते।

तेनाली राम महाराज कृष्णदेव राय में आए परिवर्तन का भान मिलते ही महाराज की दिनचर्या में रुचि लेने लगा। उसने दो-तीन दिनों में ही जान लिया कि महाराज कृष्णदेव राय रातों को भी अपने शयनकक्ष में बेचैनी से टहलते रहते हैं और दिन में भी उनींदे-से किसी विचार में लिप्त।

महाराज कृष्णदेव राय की भंगिमा ऐसी थी कि कोई इन्हें कुछ कह नहीं पाता था। तेनाली राम भी उचित अवसर की प्रतीक्षा में मौन था।

समय बीत रहा था। महाराज कृष्णदेव राय की अनियमितता और शिथिलता बढ़ती जा रही थी।

एक रात अचानक अपने शयनकक्ष में चहल-कदमी करते हुए महाराज कृष्णदेव राय एक निष्कर्ष पर पहुँचे और फिर उन्होंने एक लम्बी साँस ली। साँस छोड़ते समय उनका सारा तनाव जाता रहा। उस रात महाराज कृष्णदेव राय गहरी नींद में सोए। सुबह बिस्तर छोड़ने के बाद उन्होंने महामंत्री को बुलवाया। महामंत्री के उपस्थित होने पर वे महामंत्री के साथ मंत्रणा कक्ष में चले गए। उन्होंने महामंत्री से कहा, "महामंत्री जी! अपने राज्य पर पड़ोसी राज्य सप्तद्वीप नवखंड ने मात्र इसलिए आक्रमण करने का साहस किया कि वह हमें कमजोर समझ रहा था। सच्चाई यह है कि हमारी सामरिक सामर्थ्य अपने किसी भी पड़ोसी राज्य से लोहा लेने के योग्य है।

कोई भी राज्य हमारा सामना नहीं कर सकता। मैं इस निष्कर्ष पर पहुँचा हूँ कि विजयनगर की खुशहाली से पड़ोसी राज्यों में ईर्ष्या का भाव जन्म ले रहा है। इसी ईर्ष्या के कारण सप्तद्वीप नवखंड की सेना ने हम पर आक्रमण किया। भविष्य में ऐसा न हो, इसके लिए हमें अपने ऐश्वर्य और सैन्य बल का प्रदर्शन करने की आवश्यकता है। हम युयुत्सु नहीं हैं किन्तु पड़ोसी राज्य कोई युद्धक विचार से प्रेरित होकर हमारे राज्य की ओर न देखें, इसकी व्यवस्था करना अनिवार्य है।"

महामंत्री महाराज कृष्णदेव राय की भंगिमा देखकर कुछ बोलने का साहस नहीं कर पाए। उस दिन ही विजयनगर के राजभवन के सामने के सार्वजनिक मैदान में अत्याधुनिक सुविधाओंवाले विलास-तालाब का निर्माण कार्य आरम्भ हो गया। उस दिन ही राजभवन के पार्श्व के खुले स्थान पर मनोरम क्रीड़ा-स्थल का निर्माण-कार्य आरम्भ हुआ और उस दिन ही राजभवन के दूसरे पार्श्व में रंगशाला का निर्माण-कार्य आरम्भ कराया गया। इस तरह के आभिजात्य निर्माणों की अन्य कई योजनाएँ राजधानी में आरम्भ हो चुकी थीं। विजयनगर की प्रजा को भूलकर महाराज कृष्णदेव राय स्वयं इन निर्माण-कार्यों को देखने में रुचि लेने लगे। उनकी व्यस्तता इस तरह बढ़ गई कि वे अपनी प्रजा की ओर देखने का अवकाश निकाल पाने में पूरी तरह असमर्थ हो गए।

तेनाली राम महाराज की गतिविधियों से बेचैन हो उठा मगर चाहकर भी वह महाराज से मिल नहीं पाया। महाराज की दिनचर्या उनकी स्वेच्छाचारिता की सनद बन गई थी। तेनाली राम समझ रहा था कि महाराज की गतिविधियों पर अंकुश नहीं लगाया जाएगा तो विजयनगर की प्रजा में अराजकता फैलते देर नहीं लगेगी। उसकी चिन्ता थी कि क्या होगा उस राज्य का जिसके राजा के पास प्रजा की देखभाल के लिए अवकाश नहीं हो? महाराज कृष्णदेव राय की इस अतिरिक्त व्यस्तता के समय महामंत्री राज-काज का संचालन कर रहे थे इसलिए दरबार में तेनाली राम की भूमिका सीमित रह गई थी।

महाराज कृष्णदेव राय की इस अतिरिक्त व्यस्तता के समय विजयनगर में विजयादशमी का त्योहार मनाया जाना था। प्रत्येक वर्ष विजयादशमी पर विजयनगर में 'विजयोत्सव' मनाने की परम्परा थी। इस विजयोत्सव में राज्य

के कोने-कोने से कलाकार आते थे और अपनी कला का प्रदर्शन करके महाराज कृष्णदेव राय से पुरस्कार प्राप्त करते थे। इन कलाकारों को पुरस्कारस्वरूप महाराज से इतना धन अवश्य प्राप्त हो जाता था जिससे वे साल भर अपना गुजर-बसर कर सकें। इस विजयोत्सव में भाग लेने के लिए कलाकार वर्ष भर अपनी कला का अभ्यास करते। किसी मौलिक कला की प्रस्तुति के लिए यत्नपूर्वक अपनी साधना में जुटे रहते। विजयोत्सव की प्रतीक्षा विजयनगर के प्रजाजनों को भी रहता था जो दूर-दूर से यह विजयोत्सव देखने के लिए वर्ष में एक बार राजधानी अवश्य आया करते थे। विजयोत्सव के समय विजयनगर की राजधानी की सड़कें जन सैलाब में डूब सी जाती थीं। नवरात्रि के प्रथम दिन से आरम्भ होनेवाला यह विजयोत्सव दशहरा की रात को आरम्भ पुरस्कार वितरण समारोह के साथ सम्पन्न होता था।

विजयनगर की प्रजा विजयोत्सव की प्रतीक्षा में थी कि इसी बीच विजयनगर के गाँवों में महाराज के आदेश पर डुग्गी पिटवाई गई और यह सन्देश प्रसारित किया गया कि इस बार विजयोत्सव पर राजधानी में नवनिर्मित रंगशाला में विजयनगर की सेना के जवानों का शौर्य प्रदर्शन होगा। विजयनगर का प्रत्येक निवासी अपने सुरक्षा-प्रहरियों के शौर्य प्रदर्शन का आनन्द उठाने के लिए अवश्य आए।

तेनाली राम को भी इस सन्देश-प्रसारण की सूचना मिली। इस सूचना के बाद तेनाली राम ने कई बार महाराज कृष्णदेव राय से मिलने का प्रयास किया मगर उसे प्रयास में सफलता नहीं मिली। अन्ततः उसने साधु का रूप धारण कर लिया और गेरुवा वस्त्र पहनकर राजभवन के सामने एक वृक्ष के नीचे कम्बल बिछाकर ध्यान की मुद्रा में बैठ गया। राजमार्ग से गुजरनेवाले लोग श्रद्धा से कुछ चढ़ावा प्रदान करते जिससे तेनाली राम की क्षुधा-तृप्ति हो जाती। इस तरह कई दिन बीत गए। एक दिन महाराज कृष्णदेव राय अपने घोड़े पर सवार होकर निकले ही थे कि राजभवन के मुख्य द्वार पर ही उन्हें एक गम्भीर आवाज सुनाई पड़ी, "रुक जाओ राजन!"

महाराज कृष्णदेव राय ने घोड़े की लगाम खींच ली। सामने देखा तो वृक्ष के तने के पास बैठा साधु उन्हें इशारे से अपनी ओर आने के लिए

प्रेरित कर रहा था। महाराज घोड़े से उतर गए और साधु के पास पहुँचकर विनम्रता से हाथ जोड़कर पूछा, "क्या आज्ञा है महाराज?"

"मैं तुच्छ प्राणी आज्ञा देने का विश्वासी नहीं। मैं तो तुम्हें सचेत करना चाहता हूँ कि तुम अपनी प्रजा की खुशहाली की आशा में जिस मार्ग पर जा रहे हो, वह तुम्हें अन्तहीन भटकन की ओर ले जानेवाला है। राज्य के वैभव का प्रदर्शन तुम्हारे खजाने को रीता छोड़ा देगा और तुम्हें अपनी प्रजा के असन्तोष का प्रकोप झेलना पड़ेगा। तुम जिस गति से स्वेच्छाचारिता के मार्ग पर बढ़ रहे हो, उसी गति और तीव्रता के साथ विनाश अपना विकराल मुँह खोले तुम्हारी ओर बढ़ रहा है मगर तम्हारी आँखों पर आत्मप्रदर्शन की लिप्सा की पट्टी पड़ी हुई है जो तुम्हें..."

अभी साधुवेशी तेनाली राम की बातें पूरी भी नहीं हो पाई थीं कि महाराज कृष्णदेव राय ने घबराकर पूछा, "महाराज! आप यह क्या बोल रहे हैं? मैं तो अपनी प्रजा की सुरक्षा और सुविधा के निमित्त ही अनवरत प्रयास कर रहा हूँ। मेरा प्रत्येक पल अपनी प्रजा की भलाई के चिन्तन में ही व्यतीत हो रहा है!"

"महाराज..." बीच में ही साधु बने तेनाली राम ने हाथ उठाकर महाराज कृष्णदेव राय को चुप रहने का संकेत दिया और गम्भीर स्वरों में कहा, "तुम जो कुछ भी कह रहे हो राजन! वह आत्मश्लाघा है। वास्तविकता यह है कि तुम्हें अपनी प्रजा की सही अवस्था का ज्ञान नहीं है। तुमने कैसे समझ लिया कि राजप्रासाद के चतुर्दिक् वैभव का प्रदर्शन करके तुम अपनी प्रजा की भलाई कर रहे हो? क्या तुम जानते हो कि तुम्हारे राज्य में ऐसे लोग भी हैं। जो पेड़ों के पत्ते खाकर अपनी क्षुधा-तृप्ति करते हैं? उन साधनहीन बल-क्षीण लोगों की वेदना का ज्ञान कभी तुम्हें हुआ है?"

महाराज कृष्णदेव राय असमंजस-भरी दृष्टि से इस साधु को देख रहे थे। उनसे कहते नहीं बना। साधुवेशी तेनाली राम ने कहा, "मेरी बातें मिथ्या नहीं हैं राजन! चाहो तो मुझे अपने घोड़े पर बैठा लो और मेरे संग चलो। मैं तुम्हें दिखलाऊँगा कि तुम्हारे राज्य की सम्पदा का उपयोग कहाँ होना चाहिए, कैसे होना चाहिए!"

महाराज कृष्णदेव राय संस्कारवश साधुवेशी तेनाली राम की बातों में आ गए और उन्होंने साधु समझकर उसे अपने घोड़े पर बैठा लिया।

राजधानी से बाहर निकलने के मार्ग पर घोड़ा सरपट दौड़ने लगा। कुछ घंटों के बाद वे दोनों राजधानी के बाहर एक ऐसे स्थान पर थे जहाँ से वनों का सिलसिला आरम्भ होता था। हरियाली से आच्छादित इस स्थान पर ऊँची-नीची पहाड़ियों की तलहटी में कुछ पर्ण कुटीर बने हुए थे जिनमें अधनंगे लोग रहते थे। साधुवेशी तेनाली राम ने उन पर्ण कुटीरों की ओर इंगित कर महाराज कृष्णदेव राय से कहा, ''राजन! यह देखो, तुम्हारे वैभवशाली राज्य की प्रजा का ऐसा हाल भी है।...अब यह भी विचार करो कि अभी तुम जिस मार्ग पर सरपट भाग रहे हो उससे तुम्हारी इस प्रजा की क्या भलाई होगी!''

महाराज कृष्णदेव राय के लिए यह दृश्य अपरिचित था। वे वहाँ के लोगों को देखकर विस्मय में पड़ गए थे। साधुवेशी तेनाली राम ने उनसे फिर कहा, "चलो राजन! तुम्हें तुम्हारे राज्य की एक और वास्तविकता दिखला दूँ।"

महाराज कृष्णदेव राय पसीने से तरबतर थे। यह पसीना उनके शरीर से इस अप्रत्याशित दृश्य के कारण निकल रहा था। यह श्रमजनित स्वेद नहीं था। किंकर्तव्यविमूढ़ से महाराज ने घोड़े को एड़ लगाई। घोड़ा सरपट भागने लगा। एक स्थान विशेष पर साधुवेशी तेनाली राम ने महाराज कृष्णदेव राय को रुकने का संकेत किया। महाराज ने घोड़े की लगाम खींच ली और घोड़े से उतर गए।

साधुवेशी तेनाली राम भी घोड़े से उतर आया और महाराज से कहा, ''राजन! घोड़े को यहाँ विश्राम करने के लिए छोड़ दो और मेरे साथ आओ। अब कुछ दूर हमें पैदल चलना होगा," यह कहते हुए साधुवेशी तेनाली राम एक दिशा में चल पड़ा।

विवश थे महाराज कृष्णदेव राय! साधु के साथ चलने के सिवा कोई चारा उनके पास नहीं था मगर वे आशंकित थे कि न जाने यह साधु उन्हें कहाँ ले जा रहा है क्योंकि जिस दिशा में वह साधुवेशी तेनाली राम बढ़ रहा था उस दिशा में कहीं कोई सड़क नहीं थी, न कोई ऐसी पगडंडी कि जिससे पता चले कि यहाँ से किसी मानव-बस्ती की ओर जाया जा सकता है!

थोड़ी दूरी दोनों ने मौन रहकर पूरी की। फिर पेड़ों की झुरमुटों में कुछ झोंपड़ियाँ दिखने लगीं। महाराज कृष्णदेव राय आश्वस्त हो गए कि वे किसी मानव-बस्ती के ही निकट हैं।

एक झोंपड़ी के निकट पहुँचकर साधुवेशी तेनाली राम ने आवाज दी, "माँ!"

झोंपड़ी के भीतर से एक क्लान्त महिला का स्वर उभरा, "आती हूँ...बेटा!...कौन है तू...द्वार पर...किसे पुकार रहा है? यहाँ तो कोई आता नहीं कभी भी...आवाज देने!"

कुछ ही देर में झोंपड़ी के द्वार पर एक वृद्ध महिला आकर खड़ी हो गई और कहा, "बोल...क्या कहना है? कौन हो तुम? क्या चाहिए तुम्हें?"

साधुवेशी तेनाली राम ने अपने कंधे से लटके कमंडल से कुछ फल निकालकर उस वृद्धा को दिया और कहा, "यही देने आया था, "माँ!"

वृद्धा चकित दृष्टि से साधुवेशी तेनाली राम और उसके साथ राजसी परिधान में खड़े महाराज कृष्णदेव राय को देख रही थी और साधुवेशी तेनाली राम महाराज कृष्णदेव राय से मन्द स्वर में कह रहा था, "देखो राजन! यह वृद्धा भी तुम्हारे वैभवशाली विजयनगर की प्रजा है। इसके प्रति भी तुम्हारा कुछ कर्तव्य है।... अब चलो! मैंने वृथा ही तुम्हें कष्ट नहीं दिया। अब सूरज ढलने से पहले तुम्हें तुम्हारे राजभवन के द्वार तक पहुँचाना मेरा कर्तव्य है। यहाँ के मार्ग तुम्हारे लिए अपरिचित से हैं...कहीं भटक न जाओ..."

महाराज कृष्णदेव राय के लिए वह वृद्धा और वहाँ का सम्पूर्ण परिवेश पूरी तरह अपरिचित था। उनकी कल्पना में भी कभी यह बात नहीं आई थी कि उनके राज्य में भी ऐसी वृद्धा रहती है। ऐसी विवश और अकल्पनीय स्थिति में भी लोग साँसें ले सकते हैं, यह अब तक उनके अनुभव क्षेत्र में नहीं आया था।

साधुवेशी तेनाली राम ने महाराज कृष्णदेव राय के साथ चलते हुए अपनी बातें जारी रखीं। उसने महाराज से कहा, "राजन! यह वृद्धा कुष्ठ रोगी है और अपने परिजनों द्वारा बहिष्कृत है। गाँववालों ने इस वृद्धा के ग्राम प्रवेश को वर्जित कर दिया है कि कहीं इस वृद्धा के सम्पर्क में आने से कोई अन्य इस गलित रोग का शिकार हो जाए। ऐसी अनेक वास्तविकताओं से परिचित होने के बाद ही तुम अपने राज्य की सम्पदा का सही उपयोग करने के योग्य बन सकोगे!"

बातें करते हुए दोनों घोड़े के पास आ चुके थे। तभी साधुवेशी तेनाली राम ने पूछा, "क्यों राजन! अपने राज्य की इन वास्तविकताओं से परिचित

होने के बाद तुम्हें कैसा लग रहा है? क्या तुम समझ पा रहे हो कि राज्य की सम्पदा का उपयोग कैसे और कहाँ होना चाहिए?''

महाराज कृष्णदेव राय से रहा नहीं गया। वे अपने वैभव-प्रदर्शन के निर्णय के कारण लज्जित थे और अपने राज्य के पीड़ित जनों को देखकर द्रवित हो उठे थे। पश्चात्ताप-भरे स्वरों में उन्होंने कहा, ''महाराज! आपने मुझे प्रजाजनों को देखने की नवीन दृष्टि दी है। मैं आपका ऋणी हूँ।'' ऐसा कहकर वे विनीत भाव से साधुवेशी तेनाली राम के पैरों पर गिर पड़े, ''मुझे क्षमा करें महाराज! मैं अहंकार के वशीभूत होकर दर्प भरा निर्णय ले बैठा।''

साधुवेशी तेनाली राम ने महाराज को कन्धा पकड़कर उठाया और अपने वास्तवकि स्वर में बोल पड़ा, ''अरे...अरे महाराज! ऐसा न करें! मैं तो आपका सेवक तेनाली राम हूँ।'' ऐसा कहते हुए तेनाली राम ने अपने जटाजूट और दाढ़ी-मूँछ उतारकर अपना वास्तविक चेहरा महाराज कृष्णदेव राय को दिखा दिया।

महाराज ने उसे गले लगाते हुए कहा, ''तुमने मेरी आँखें खोल दीं, तेनाली राम!''

फिर, दोनों घोड़े पर सवार होकर राजधानी लौट आए।

विजयनगर के राजप्रासाद में दूसरे दिन से सब कुछ सामान्य हो गया। महाराज कृष्णदेव राय नियमित दरबार लगाने लगे। उस वर्ष विजयनगर में पहले से भी अधिक उमंग में विजयोत्सव मनाया गया। विजयोत्सव में सैनिकों की शौर्यकलाओं के प्रदर्शन का कार्यक्रम रद्द कर दिया गया और पहले की भाँति ही सांस्कृतिक कार्यक्रमों की धूम रही।

मैत्री सन्देश

एक दिन महाराज कृष्णदेव राय अपने दरबार में बैठे-बैठे ज्ञान-मीमांसा के लिए यह चर्चा छेड़ बैठे कि मनुष्य का सबसे बड़ा सौभाग्य और सबसे बड़ा दुर्भाग्य क्या है।

महाराज कृष्णदेव राय को उनके दरबारी बहुत दिनों के बाद अपनी स्वाभाविक मुद्रा में देख रहे थे। पड़ोसी राज्य 'सप्तद्वीप नवखंड' के साथ युद्ध होने के बाद से दरबार में किसी ने महाराज कृष्णदेव राय को मुस्कुराते नहीं देखा था। इसलिए जब महाराज ने यह चर्चा छेड़ी तो दरबारी इस चर्चा में उत्साहपूर्वक भाग लेने लगे।

एक दरबारी ने कहा, ''महाराज! मनुष्य की इच्छाओं की पूर्ति सबसे बड़ा सौभाग्य है और प्रयासों के बाद भी कामनाओं की पूर्ति नहीं हो पाना सबसे बड़ा दुर्भाग्य!''

एक अन्य दरबारी ने कहा, "महाराज! अपनी भूलों को समझकर अपने आचरण में सुधार करना सौभाग्य है और अपनी भूलों को समझे बिना गतिशील रहना दुर्भाग्य है।"

महाराज कृष्णदेव राय बहुत देर तक इसी तरह की बातों में लगे रहे। उनके दरबार में विद्वानों की कमी तो थी नहीं इसलिए सौभाग्य और दुर्भाग्य पर अनेक विचार प्रकट हुए। महाराज अपने सभासदों की वाक्पटुता और विचारों से कई बार प्रभावित और पुलकित हुए। उन्हें लगा कि इस चर्चा के क्रम में ऐसी वाणी भी प्रकट हो रही है जिसका उपयोग भविष्य में भी किया जा सकता है। उन्होंने महामंत्री से कहा, ''आप वक्ताओं के कथनों के सार एक स्थान पर लिपिबद्ध करते रहें। मैं एकान्त में पुनः इस चर्चा पर विचार करना चाहूँगा।''

महाराज के निर्देश पर महामंत्री सभासदों के विचार लिपिबद्ध करने में लग गए। उस समय महाराज कृष्णदेव राय का एक ऐसा दरबारी अपने विचार व्यक्त कर रहा था जो एक प्रखर वक्ता था। इस सभासद का नाम था–सुबाहु।

सुबाहु के विचारों में स्पष्टता थी और वाणी में संयम। वह गम्भीर था और प्रभावशाली भी। उसने कहा, "महाराज! भूलों को समझने की आवश्यकता सौभाग्य और दुर्भाग्य की चर्चा के बीच एक विद्वान मित्र ने की है। मेरी समझ से क्रिया, बस, क्रिया होती है। क्षण विशेष में उसका घटित होना मानो अनिवार्यता है। जैसे सूरज निकलता है। हवा चलती है। सूरज ढलता है। वायु प्रवाह मुक्त होती है। ये क्रियाएँ क्षण विशेष की महत्ता हैं। फिर भूल क्या और सुधार क्या? मनुष्य तो आरम्भ से ही भूल करने का आदी है। जब से इस पृथ्वी पर मनुष्य अनुभव अर्जित कर बौद्धिक प्राणी बना है तब से ही सम्भवतः यह स्थिति है कि वह अपने लिए धरती तो सुरक्षित चाहता है किन्तु उसकी दृष्टि टँगी रहती है स्वर्ग पर! वह अपनी हर क्रिया को स्वर्ग-प्राप्ति का साधन बना लेना चाहता है। मनुष्य की यह प्रवृत्ति सौभाग्य भी है और दुर्भाग्य भी। सौभाग्य इसलिए कि स्वर्ग की कामना उसे किसी से भी ऐसा व्यवहार करने से रोकती है जो लोक-दृष्टि में अनुचित है और दुर्भाग्य इसलिए कि स्वर्ग की कामना में वह अपनी इच्छित क्रियाओं पर विवेक से अंकुश भी लगाता रहता है। इस तरह उसकी क्रियाएँ स्वस्फूर्त और आत्मप्रेरित नहीं रह पातीं। लोक-प्रचलन के आचार-व्यवहार और विचार के अंकुश नहीं होते तब जो क्रियाएँ होतीं उससे मनुष्य जो सन्तुष्टि प्राप्त करता वह सामाजिक वर्जनाओं से घिरकर की गई क्रियाओं से भिन्न होती।"

सुबाहु के विचार स्पष्ट तो थे किन्तु दर्शन बोझिल भी। महाराज कुछ समय तक विचार-मग्न मुद्रा में बैठे रहे, फिर उन्होंने तेनाली राम की ओर देखा। वह सभासदों की बातें रुचिपूर्वक सुन रहा था। मगर अब तक कुछ बोला नहीं था और न ही उसमें इस सन्दर्भ में कुछ बोलने की उत्सुकता ही थी।

महाराज कृष्णदेव राय ने तेनाली राम को मौन देखकर कहा, "क्यों तेनाली राम! तुम कुछ नहीं बोल रहे हो? तुम भी तो कुछ कहो!"

तेनाली राम के होंठों पर एक हलकी सी स्मित की रेखा प्रकट हुई फिर तेनाली राम ने कहा, ''महाराज! हमारे मित्रों ने जो विद्वतापूर्ण बातें कही हैं, उनसे मैं सहमत हूँ। इसलिए बीच में कुछ भी बोलना मैंने उचित नहीं समझा—यही है मेरे मौन का कारण। जहाँ तक मूल प्रश्न की बात है तो मैं भी कहूँगा कि मनुष्य का सबसे बड़ा सौभाग्य अथवा सबसे बड़ा दुर्भाग्य एक ही बात में है। वह बात यह है कि मनुष्य को प्रकृति के अन्य जीवों की तरह कोई सुनिश्चित स्वभाव नहीं मिला है। मनुष्य को छोड़कर प्रायः प्रत्येक जीव-जन्तु, कीट-पतंग, पंछी-पौधे, सभी एक निश्चित स्वभाव के साथ जन्म लेते हैं। मनुष्य को छोड़कर अन्य सभी प्राणी, चाहे वे जन्तु हों या वनस्पति, एक निश्चित स्वभाव के वशीभूत जीवन-यापन करते हैं। इस तरह उनके स्वभाव को ठोस कहा जा सकता है मगर मनुष्य का कोई निश्चित स्वभाव नहीं है इसलिए मनुष्य का स्वभाव ठोस नहीं, तरल है। वह जब चाहे पात्रता के अनुरूप बदल सकता है। परिस्थितियों से प्रभावित होकर बदल सकता है या कहें कि वह कैसा भी हो सकता है। उसे जैसा चाहें वैसा ढाला जा सकता है।

"मनुष्य के स्वभाव का सरल होना सौभाग्य है, क्योंकि इसमें परिवर्तन-शीलता है। कुछ भी हो जाने की स्वतंत्रता है। किन्तु यह दुर्भाग्य भी है क्योंकि मनुष्य को स्वयं के निर्माण में अनेक भूलों से साबका पड़ता है। भूलें करना उसकी नियति होती है।"

सभा में इस तरह की चर्चाएँ चल ही रही थीं कि इसी बीच महाराज कृष्णदेव राय को सूचना मिली कि दिल्ली के सम्राट बादशाह बाबर का दूत महाराज से मिलने की इच्छा रखता है। महाराज ने उस दूत को अपने दरबार में आदरपूर्वक लाए जाने और उचित आसन पर बैठाए जाने का निर्देश दे दिया। उन्हें सभास्थल पर हो रही चर्चाओं में कई तर्क संगत और मन को भा जानेवाली बातें सुनने को मिली थीं इसलिए वे तेनाली राम की तर्कसंगत बातें रुचि से सुनने में लगे रहे।

दूत को दरबार में लाकर उचित स्थान पर बैठा दिया गया।

तेनाली राम की चर्चा जारी रही। वह अपनी रौ में बोल रहा था, ''महाराज! मान्यता है कि अनुभव प्राप्त करना श्रेष्ठ कर्म है किन्तु महाराज, जीवन का अनुभव ही तो जीवन की सहज इच्छाओं पर सीमा रेखाएँ खींचने

लगता है कि ऐसा जीवन ठीक है और वैसा जीवन ठीक नहीं है। वास्तविकता यह है कि अनुभव से परिपक्व व्यक्ति वृद्ध हो चुका होता है और बहुत सारी स्वाभाविक क्रियाओं के लिए उसके पास शक्ति नहीं बची रहती। इसलिए ऐसा बल क्षीण मानक दूसरों के लिए निषेध और वर्जनाएँ और आरोपित करने लगता है कि ऐसा करना उचित है अथवा वैसा करना अनुचित है जबकि मेरी दृष्टि में जीवन की स्वाभाविक वृत्तियों के लिए निषेध-रेखा खींचने जैसी हिंसक क्रिया कोई दूसरी नहीं हो सकती।... महाराज, इस हिंसा से पूरा समाज, पूरा देश, सम्पूर्ण मानव समुदाय लिप्त है। मनुष्य जीवन जीने की कामना में प्रयासरत रह नहीं पाता है और जीवन भोगने की कामना में हिंसक होता जाता है। जंगल में शेर, बाघ, तेंदुआ, चीता आदि हिंस्र जन्तु कहे जाते हैं मगर ये वस्तुतः हिंसा नहीं करते। भोजन के लिए वे प्राकृतिक रूप से जो प्रयास कर सकते हैं वही करते हैं इसलिए उनके भोजन करने की प्राकृतिक क्रिया को हिंसा नहीं कह सकते किन्तु सत्ता के मद में जब कोई शासक किसी दूसरे राज्य पर आक्रमण करता है तब यह हिंसक घटना हो जाती है। आम तौर पर ऐसी घटनाओं में ऐसे लोग या ऐसे राष्ट्र संलग्न होते हैं जिनके पास साधनों की अधिकता होती है। ऐसे ही मनुष्य राष्ट्र जीवन जीने की क्रियाओं को छोड़कर जीवन भोगने की लिप्सा की ओर प्रेरित होते हैं। जैसे–अभी कुछ दिन पहले ही हमारे पड़ोसी राज्य 'सप्तद्वीप नवखंड' ने हम पर आक्रमण कर दिया था किन्तु सबल सेना और प्रचुर साधन होते हुए भी 'सप्तद्वीप नवखंड' के राजा को पराजित होना पड़ा। उसके राजा को हमने बन्दी बनाया। कारण क्या था? क्या हम अतिमानव हैं? बहुत बलशाली हैं? नहीं! ऐसा मानने का हमारे पास कोई कारण नहीं है। महाराज! सच्ची बात यह है कि विजयनगर के लोग अनवरत जीवन जीने के लिए प्रयासरत रहते हैं। विजयनगर के राजा को भी इसके लिए अपनी प्रजा की तरह ही प्रयास करना पड़ता है। हमारे पास थोड़ा है और थोड़ा चाहिए वाली स्थिति बनी रहती है। इसलिए विजयनगर की प्रजा में जिजीविषा है। हमारे सशस्त्र बल के जवान भी हमारी प्रजा की सन्तानें हैं इसलिए उनमें भी जिजीविषा है। यही उत्कट जिजीविषा अन्ततः हमारी जीत का कारण बनी। हममें युयुत्सा नहीं थी। युद्ध की इच्छा नहीं थी फिर भी हम जीते। किन्तु सप्तद्वीप नवखंड के राजा युयुत्सु थे। युद्ध की इच्छा

उनमें थी। उनकी सेना युद्ध के लिए तत्पर और आक्रामक थी फिर भी वे हार गए। महाराज, हमारी जीत और उनकी हार में भी मेरी हिंसा की व्याख्या ही काम कर रही है। सप्तद्वीप नवखंड के राजा ने और वहाँ की सेना ने इतना वैभव एकत्रित कर लिया है कि उन्हें जीवन जीने की जगह जीवन भोगने की प्रवृत्ति प्रेरित करने लगी है। इसी प्रवृत्ति के कारण वे हिंसा के लिए प्रेरित हुए। हम जीवन जीने की प्रवृत्ति के अधीन हैं इसलिए हिंसा से प्रेरित नहीं हैं। जीवन को भोगने की चाह जिस दिन पनपेगी, हम भी वैसे हो जा सकते हैं।"

तेनाली राम की बातों से सभाकक्ष में बैठा बाबर का दूत बहुत प्रभावित हुआ। उसने सभाकक्ष में खड़े होकर तालियाँ बजाईं।

महाराज कृष्णदेव राय का ध्यान अचानक दूत की ओर गया। उनकी तन्द्रा भंग हुई और कर्तव्य-बोध के वशीभूत होकर उन्होंने दूत से विजय-नगर आने का कारण पूछा।

दूत ने बादशाह बाबर का एक सन्देश पढ़कर महाराज कृष्णदेव राय को सुनाया। इस पत्र का आशय था कि बादशाह बाबर ने विजयनगर को अपने मित्र राज्य में सम्मिलित होने का आमंत्रण भेजा है तथा उन्हें विश्वास है कि उनका यह आमंत्रण स्वीकार किया जाएगा।

महाराज कृष्णदेव राय ने दूत को एक स्मृतिचिह्न भेंट कर अपने दरबार में सम्मानित किया तथा उसे अतिथिशाला में विश्राम करने के लिए भेज दिया। सभा विसर्जित करने के बाद महामंत्री और तेनाली राम को साथ लेकर मंत्रणा कक्ष में चले गए। तीनों के बीच विचार-विमर्श के बाद यह निर्णय लिया गया कि कल दूत को इस सन्देश के साथ विदा कर दिया जाए कि 'हम इस आमंत्रण के लिए आभारी हैं–शीघ्र ही हम अपने दूत के माध्यम से अपने निर्णय से अवगत कराएँगे।'

दूसरे दिन दूत विजयनगर से दिल्ली के लिए रवाना हो गया। इसके बाद फिर महाराज कृष्णदेव राय अपने महामंत्री के साथ मंत्रणा करने बैठ गए। इस चर्चा में तय हुआ कि बादशाह बाबर का प्रस्ताव स्वीकार नहीं करने का कोई कारण नहीं है। विजयनगर का इतिहास साक्षी है कि सुदूर अतीत से यह एक ऐसा राज्य रहा है जो 'न काहू से दोस्ती, न काहू से बैर' की नीति पर अमल करता रहा है। मित्रता सन्देश तो औपचारिकता है। इस

सन्देश का एक अर्थ तो यह है कि भविष्य में न हम आपकी राह में आएँगे और न आप हमारा कहीं विरोध करेंगे। एक-दूसरे के प्रति परस्पर सहयोग की भावना ही तो इस आमंत्रण में निहित है इसलिए इसे स्वीकार कर लेना उचित है।

इस निष्कर्ष पर पहुँचने के बाद महाराज कृष्णदेव राय ने महामंत्री को विदा किया और प्रहरी को भेजकर तेनाली राम को अविलम्ब राजमहल आकर उनसे मिलने को कहलवाया।

जिस समय तेनाली राम ने राजमहल में प्रवेश किया उस समय शाम ढल चुकी थी। आसमान पर अँधेरे का सुरमई चादर बिछ चुका था जिन पर सितारे टिमटिमाने लगे थे। राजमहल के प्रहरियों को सम्भवतः महाराज कृष्णदेव राय ने पहले से ही निर्देश दे रखा था कि जब तेनाली राम आए, उसे अविलम्ब उनके कक्ष तक पहुँचा दिया जाए। कक्ष में महाराज विचारमग्न मुद्रा में टहल रहे थे।

प्रहरियों ने तेनाली राम को आदरपूर्वक महाराज के कक्ष तक पहुँचा दिया। तेनाली राम को देखकर महाराज ने कहा, "आओ तेनाली राम! आज तुम्हें मैं एक महत्त्वपूर्ण काम सौंप रहा हूँ। यह एक ऐसा काम है जिसके लिए अतिविश्वसनीय व्यक्ति की आवश्यकता है। यह कहने की आवश्यकता नहीं कि मेरे लिए तुम कितने विश्वसनीय हो।"

तेनाली राम के होंठों पर उस समय मन्द-हास उभर आया था। उसने महाराज से कहा, "महाराज! आप आज्ञा दें! आपके विश्वास को मैं जीते-जी ठेस नहीं पहुँचने दूँगा।..."

महाराज कृष्णदेव राय ने स्वर्ण-मुद्राओं की एक थैली तेनाली राम को सौंपते हुए कहा, "तेनाली राम! कल सुबह तुम विजयनगर के दूत बनकर बादशाह बाबर को हमारी ओर से मित्र राज्य बनने की स्वीकृति का सन्देश देने दिल्ली प्रस्थान करो। घुड़साल से अपनी पसन्द का घोड़ा लेकर तुम प्रस्थान करो और यथाशीघ्र दिल्ली पहुँचकर बादशाह बाबर को हमारा सन्देश दो। उन्हें तुम ही हमारी बात सही ढंग से समझा सकते हो इसलिए तुम्हें यह कार्य सौंप रहा हूँ।"

"जो आज्ञा महाराज!" तेनाली राम ने कहा और महाराज से आज्ञा लेकर अपने घर लौटा।

दूसरे दिन सुबह दिल्ली के लिए उसकी यात्रा आरम्भ हो गई। यह उन दिनों की बात है जब विजयनगर से दिल्ली की यात्रा बहुत आसान नहीं थी। सड़कें आज की तरह न तो आबाद थीं और न ही दिल्ली की राह में कहीं विश्राम करने की कोई सार्वजनिक व्यवस्था थी। यात्रियों को अपने व्यवहार-कौशल और बुद्धि-चातुर्य से ही आश्रय प्राप्त करना होता था। तेनाली राम कुशाग्र बुद्धि तो था ही इसलिए उसे मार्ग में किसी तरह के संकट का सामना करना नहीं पड़ा। दिल्ली पहुँचकर वह सीधे बाबर के दरबार में उपस्थित हुआ।

बाबर को जब सूचना मिली कि विजयनगर के महाराज कृष्णदेव राय का एक दूत दिल्ली-दरबार में बादशाह के सम्मुख उपस्थित होने का आदेश चाहता है तो बाबर ने तेनाली राम को यथाशीघ्र दरबार में उनके समक्ष उपस्थित किए जाने का निर्देश दिया।

तेनाली राम को बाबर के सम्मुख उपस्थित किया गया। बाबर ने तेनाली राम को पारखी दृष्टि से देखा। विजयनगर से लौटकर बाबर के दूत ने तेनाली राम की तर्कसंगत बातों का विवरण दिया था। बाबर ने तेनाली राम को ऊपर से नीचे तक गम्भीर दृष्टि से देखा और कहा, "दूत! आज तुम विश्राम करो। दक्षिण से उत्तर की दूरी तय करने में तुम थक गए होगे। कल सुबह दरबार में उपस्थित होकर अपना 'सन्देश' देना।"

बाबर के संकेत पर बारशाह के दो प्रहरी तेनाली राम को अतिथिशाला की ओर ले गए।

तेनाली राम के विदा होते ही बाबर ने उस दरबारी को बुलाया जिसे दूत बनाकर विजयनगर भेजा गया था। बाबर ने उस दरबारी से पूछा, "शराफत अली, बताओ, इस शख्स को पहचानते हो जो विजयनगर के महाराज का दूत बनकर आया है?"

दरबारी शराफत अली ने बादशाह के सामने अदब से झुकते हुए कहा, "जहाँपनाह! यह शख्स तेनाली राम है। विजयनगर के राजदरबार में यह है तो विदूषक किन्तु इसके बुद्धि-बल का लोहा सभी मानते हैं। मैंने इस शख्स की तकरीर के बारे में आपको जानकारी दी थी। मैंने किसी राजदरबारी के मुँह से कभी, कहीं भी इतनी तर्कसंगत बातें नहीं सुनी थीं। बहुत बुद्धिमान है यह शख्स!"

"हूँ!" बाबर ने एक लम्बी हुंकार भरी फिर कहा, "कल हो जाएगी इसके बुद्धि-बल की परीक्षा भी। कल दरबार में मैं इससे इसके महाराज का सन्देश सुनूँगा। मुझे विश्वास है कि मित्रता-प्रस्ताव की सूचना ही विजयनगर से आई है। इसके बाद मैं इस विदूषक से कुछ चुटकुले सुनाने के लिए कहूँगा। हाँ, तुम ऐसा करो कि आज ही सभी दरबारियों को कह दो कि कल जब तेनाली राम दरबार में चुटकुले सुनाए तो कोई न तो ताली बजाए और न ही हँसे; या कोई तर्कपूर्ण बात कहे तब भी कोई नहीं हँसे या न वाह-वाह करे!"

बादशाह का आदेश था। दरबारियों में आनन-फानन में प्रसारित हो गया।

दूसरे दिन दिल्ली दरबार में उपस्थित होकर तेनाली राम ने महाराज कृष्णदेव राय का सन्देश बादशाह बाबर को दिया कि दिल्ली दरबार के मित्र राज्यों में शामिल होने से हमें गर्व की अनुभूति हो रही है।

बादशाह बाबर ने स्वयं ताली बजाकर इस सन्देश का स्वागत किया। बादशाह को ताली बजाता देखकर दरबारियों ने भी तालियाँ बजाईं। फिर बादशाह बाबर ने तेनाली राम को अपने पास ही एक आसन देकर बैठाया और अपना परिचय दिल्ली दरबार के दरबारियों को देने के लिए कहा।

तेनाली राम ने बादशाह बाबर के निर्देश पर अपने परिचय में दरबारियों को बताया, "अभी तो मैं विजयनगर के दूत की हैसियत से दिल्ली दरबार में उपस्थित हुआ हूँ, वैसे विजयनगर के महाराज के दरबार में मैं विदूषक हूँ और मेरा नाम तेनाली राम है।" अपना नाम बताने के बाद तेनाली राम ने कहा, "बन्धुओ, मैं अपने महाराज कृष्णदेव राय का यह सन्देश लेकर आया हूँ कि अब विजयनगर दिल्ली दरबार का मित्र राज्य है। इसलिए हमें मिल-जुलकर एक-दूसरे के सुख-दुख में हाथ बँटाना चाहिए और इसके लिए हमें तत्पर रहना चाहिए कि यदि हममें से एक कष्ट में हो तो दूसरा उसका कष्ट कम करने के प्रयास में स्वतः जुट जाए। परस्पर सहयोग की भावना से ही तो विकास का पथ प्रशस्त होता है।"

दिल्ली दरबार के किसी भी दरबारी ने तेनाली राम के इस कथन पर कोई ताली नहीं बजाई। बादशाह बाबर ने जान-बूझकर ऐसी मुद्रा बना ली मानो उसने तेनाली राम की बातें सुनी ही नहीं हो। एक दरबारी ने चुटकी ली, "आपने अच्छी शिक्षा दी है, तेनाली राम जी!"

तेनाली राम के लिए यह व्यंग्य-बुझी पंक्ति अप्रत्याशित थी। बिना उत्तेजित हुए तेनाली राम ने कहा, "मैंने तो सिर्फ अपने महाराज के मन्तव्य की सूचना दी है! सूचना देने का काम शिक्षा नहीं है। शिक्षा से तो ज्ञान मिलता है। सूचना और ज्ञान में बहुत अन्तर है। सूचना हमेशा बाहर से मिलती है और ज्ञान हमेशा हमारे अन्दर से आता है।"

बादशाह बाबर ने मन-ही-मन तेनाली राम की प्रशंसा की किन्तु वह मौन साधे रहा—यह सोचकर कि देखें अब यह तेनाली राम और क्या कहता है। मगर तेनाली राम ने दरबार का रुख समझते हुए मौन साध लिया।

दूसरे दिन जब वह दिल्ली दरबार में आया तब उससे चुटकुले सुनाने की माँग की गई। तेनाली राम ने कुछ चुटकुले सुनाए मगर दरबार का कोई भी आदमी उसके चुटकुलों पर नहीं हँसा। तेनाली राम दो-चार चुटकुले सुनाकर बादशाह बाबर की आज्ञा लेकर अतिथिशाला में लौट आया। उसके मस्तिष्क में कुछ चल रहा था। इस घटना के बाद तेनाली राम दो दिनों तक दिल्ली दरबार नहीं गया। उसने दिल्ली भ्रमण के बहाने बाबर की दिनचर्या का अध्ययन किया। इस अध्ययन में तेनाली राम ने पाया कि बादशाह बाबर प्रतिदिन शाम को दरबार से निकलने के बाद यमुना नदी के किनारे टहलने के लिए जाते हैं तथा राह में मिलनेवाले गरीब-लाचार लोगों को एक-दो स्वर्ण-मुद्रा भेंट करते जाते हैं। इसके बाद तेनाली राम ने एक योजना बना ली और दिल्ली बाजार से कुछ सामग्री खरीदकर अतिथिशाला लौट आया।

शाम का समय था। अपने दरबार से निकलकर बादशाह बाबर अपने एक खास मंत्री के साथ बातें करते हुए यमुना तट की ओर जा रहा था। राजमार्ग के किनारे एक वयोवृद्ध व्यक्ति को उसने जमीन खोदकर कोई बीज गाड़ते देखा। बाबर के लिए यह दृश्य अचरजकारी था। एक तो मार्ग का किनारा जिससे इस वृद्ध का कोई लेना-देना नहीं फिर भला क्यों वह यहाँ पर कोई बीज लगाएगा? उत्सुकतावश बाबर उस वृद्ध के पास पहुँच गया। उसके साथ उसका मंत्री भी था।

वृद्ध के पास पहुँचकर बाबर ने पूछा, "बाबा! तुम यहाँ क्या कर रहे हो?"

अपने काम में मग्न वह वृद्ध बोला, "जहाँपनाह! मैं यहाँ फलदार वृक्षों के बीज लगा रहा हूँ—कटहल, आम आदि के बीज! कुछ ही वर्षों में यह

स्थान पेड़ों के झुरमुटों से आच्छादित हो जाएगा जिससे राह चलते लोगों को छाया मिल जाएगी। ये पेड़ वर्ष में एक बार फलों से भी लद जाएँगे जिससे राहगीरों की क्षुधापूर्ति होगी।''

वृद्ध के उत्तर से बाबर चौंक पड़ा। बाबर ने वृद्ध से पूछा, ''मगर बाबा! इससे तुमको क्या हासिल होगा? जब तक इन बीजों से पौधे निकलकर फलदार वृक्ष में तब्दील होंगे तब तक क्या तुम जीवित रहोगे? इन पेड़ों का एक फल भी क्या तुम्हें नसीब होगा?''

वृद्ध ने हँसकर जवाब दिया, ''जहाँपनाह! अब तक तो मैं अपने पूर्वजों के लगाए पेड़ों से फल खाता रहा हूँ। मैं जो बीज लगा रहा हूँ उसके फलों का आनन्द आनेवाली पीढ़ी लेगी। मैं सन्तुष्ट हूँ कि मैं अपनी पिछली पीढ़ी का ऋण उतार रहा हूँ।''

बाबर इस उत्तर से बहुत प्रसन्न हुए और स्वर्णमुद्राओं की एक थैली उस वृद्ध को भेंट कर दी।

बादशाह से स्वर्णमुद्राओं की थैली भेंट में मिलने से वृद्ध आनन्दित होकर बोल उठा, "जहाँपनाह! आप सचमुच महान हैं। लोगों को तो वृक्ष बड़े होकर ही फल प्रदान करते हैं किन्तु आपने तो बीज उगने से पहले ही मुझे फल प्रदान कर दिया!"

वृद्ध को आनन्दित देखकर बाबर प्रसन्न हुआ और वहाँ से आगे बढ़ गया।

दूसरे दिन दिल्ली दरबार में वही वृद्ध बाबर के समक्ष उपस्थित हुआ। बाबर ने उससे पूछा, ''क्यों, क्या बात है बाबा? यहाँ क्यों आए हो?"

''अपने सिर से यह बोझ उतारने आया हूँ–जहाँपनाह, आपके दरबार में!" यह कहते हुए वृद्ध ने अपने सिर से बाल और गाल पर चढ़ी दाढ़ी उतारकर कन्धे से लटके झोले में डाल ली और हाथ में रखी थैली बाबर की ओर बढ़ाते हुए कहा, ''जहाँपनाह! अब वह वृद्ध ही नहीं है–जो इस इनाम का हकदार था!"

बाबर ने अपने सामने दो पल में बदले वृद्ध के चेहरे को देखकर पहचाना, "अरे! यह तो तेनाली राम है!" बाबर ने ताली बजाते हुए कहा, "मान गए तेनाली राम...तुमने मुझे आनेवाली पीढ़ी के लिए कुछ कर जाने की नसीहत दी है। इस थैली के तुम ही हकदार हो। इसे अपने पास रखो।"

इसके बाद बाबर ने अपने दरबारियों को बीती शाम की घटना सुनाकर तेनाली राम के फन की तारीफ की। दिल्ली दरबार एकबारगी तालियों की गड़गड़ाहट से गूँज उठा।

थोड़ी देर के बाद बादशाह बाबर ने तेनाली राम से कहा, "मैंने तुम्हारी विद्वता की चर्चा सुनी है—मेरे दरबारियों को कोई पैगाम दो कि ये तुम्हें याद रखें।"

तेनाली राम ने अपने स्थान से बिना हिले कहा, ''यह व्यवस्था 'हाँ', कहने के सिवा कुछ और कहने की इजाजत नहीं देती। परम्परागत रूप से व्यवस्था 'हाँ' कहना सिखलाने का ही काम करती है। मैं भी 'हाँ' कह रहा हूँ और आपकी आज्ञा मानकर बोल रहा हूँ।...पुरानी सारी व्यवस्थाएँ भी हाँ कहना ही सिखलाती रही हैं। इन 'हाँ' कहनेवालों के कारण ही समाज की व्यवस्थाएँ चलती रहीं बिना किसी परिवर्तन के।...लेकिन यह 'हाँ' कहना यथास्थिति बनाए रखना ही है। समाज का विकास या व्यवस्था में सुधार हाँ कहनेवाले की जरूरत होती है। दुनिया में कहीं भी यथास्थिति में परिवर्तन 'न' कहनेवालों के कारण हुआ है। जिसने आत्मा के गहरे तक से नकार का स्वर उभारा है वही विकास का कारण बने हैं। इसलिए मेरे मित्रो, सहज स्वीकार की जड़ता से निकलकर विकास की दहलीज पर कदम रखना सीखो और अनुचित को नकारकर उचित अवसरों पर तालियाँ भी बजा लिया करो..."

बाबर के दरबार में एक बार फिर तालियों की गूँज उभरी। बाबर ने तेनाली राम को अनेक तरह के उपहार देकर दिल्ली से विदा किया।

●●●